新潮新書

手嶋龍一　佐藤 優
TESHIMA Ryuichi　SATO Masaru

賢者の戦略

生き残るためのインテリジェンス

JN283499

600

新潮社

はじめに

十九世紀中葉のハプスブルク帝国の版図に迷い込んだような――とでも言えばいいのだろうか。朝露に濡れた石畳を踏みしめて辿りついた旧市街は不思議な雰囲気を湛えていた。朝陽に映えて青銅色に輝くドーム屋根の東方典礼教会。三層の鐘楼が天高く聳えるウクライナ正教会。コーカサスの文様が刻まれた廻廊を持つアルメニア教会。これにローマ・カトリック教会、プロテスタント教会、ユダヤ教のシナゴーグまでが加わり、百近い宗教建築群がそれぞれに意匠を凝らして点在している。カトリックと正教が溶け合った東方典礼教会は街の中央に鎮座して、高台から街並みを睥睨するウクライナ正教会と妍を競い合っているかにみえる。

ここはポーランド国境から七〇キロ、ウクライナの西端に位置する古都リヴィウ。東ガリツィア地方の中心都市として古くから栄えたことで知られる。この街には、ウクライナ系、ポーランド系、ハンガリー系、ロシア系それにアルメニア人やユダヤ人までが様々な暮らしを営んでいる。父祖の世代が篤い信仰を捧げた各々の教会に拠って政治信条を密かに温め、二度の世界大戦、それに打ち続く冷たい戦争の日々を生き抜いてきた。リヴィウの人々は帝政ロシアに組み込まれることに抗い、スターリンの支配に耐え、そしていま親ロ派に銃を持って立ち向かっている。この街こそ、ウクライナ・ナショナリズムの策源地なのである。

私がこの地に入ったのは二〇一四年の晩秋だった。澄んだ歌声に導かれてスヴォボディ大通りに行きつくと、ウクライナ語を確立した国民的詩人にして独立運動の志士タラス・シェフチェンコの像が聳えていた。青と黄色のウクライナ国旗が翻り、鮮やかな刺繍の民族衣装をまとった少年少女が東の空を睨んで合唱している。民族衣装の下に迷彩色のズボンやスカートが覗く。ドネツク、ルガンスク両州で親ロシア派の武装集団と烈しい戦いを繰り広げているウクライナ国軍の前線兵士を励ます集いだった。広場の一角には戦闘で斃れた若者たちの顔写真が掲げられ、この国が戦いのさなかにあることを告げていた。

本書の冒頭には「二十一世紀の火薬庫『ウクライナ』」の章を配している。この火薬庫からの導火線はわれわれが暮らす東アジアにも延びているからだ。欧米諸国はウクライナを支えるため対ロ制裁を発動した。それによってロシアはいま中国との連携に傾きつつある。今後、中ロの絆がさらに強まれば、「海洋強国」を呼号する習近平政権は、ロシア産の天然ガスを手に、安んじて東シナ海へ攻勢をかけるだろう。

国際社会の眼は、親ロ派が分離に動くウクライナの東部国境地帯に注がれている。だが、この国を牽引するもう一つの重心は東ガリツィアにある。この地にはナショナリズムという名の地雷が埋め込まれている。本書を編むにあたって、ウクライナ・ナショナリズムの源流を遡上してみなければと現地を訪れた。過去一世紀、いくつもの国家が、ここ東ガリツィアを支配し、そして駆け抜けていった。そしていま、ウクライナ語という母語を至上の宝石と考える人々は、公用語としてのロシア語をこの国から放逐しようとしている。民族こそ貴きものとする思想のゆえに過激な行動に走る若者たちも跡を絶たない。東ガリツィアは外部世界から遮断されているゆえに暴発の危うさを抱えている。

一九三九年は、現代史にあって「危機の年」と呼ばれてきた。この年の九月、ヨーロッパで第二次世界大戦が始まった。だが、前奏曲は、五月のアジアの草原から響き渡った。日本の陸軍統帥部は、主敵とみなすソ連赤軍の精鋭部隊とノモンハンで干戈を交えた。スターリンは満州の国境で関東軍が潰走するのを見届けると、日本の友邦、ナチス・ドイツと独ソ不可侵条約を締結する。スターリンとヒトラーが交わした「悪魔の盟約」によって、日本外交の羅針盤は粉々に叩き割られてしまった。果たしてその後の日本は迷走していく。複雑怪奇な欧州情勢を全く読めなくなったためだ。

敗戦の年から七十年の節目を迎えて、経済大国ニッポンは、いまふたたび欧州と東アジアの情勢をふたつながら睨みつつ、自力で外交の舵をとらなければならない季節を迎えている。だが「危機の年」にあっても、当時の日本は、ひとりの傑出したインテリジェンス・オフィサーを擁していた。やがてソ連に呑み込まれる小国リトアニアに杉原千畝領事代理を配していたのである。彼がユダヤ難民に「命のビザ」を発給し、その見返りに祖国日本が生き残るための第一級のインテリジェンスを得ていたのだ。

佐藤優さんとの対論は、『動乱のインテリジェンス』『知の武装―救国のインテリジェンス』に続いて三冊目となる。日本を取り巻く戦略環境がかつてない速さで動いている――「インテリジェンス対論三部作」を読み通して、そう実感した。だが、眼前をさえぎっていく事象を追っているだけでは事態の深層には迫れない。祖国を誤りなきように導きたいと孤軍奮闘したスギハラのごとき賢者をいまこそ日本は必要としている。

ウクライナ　リヴィウにて　　　　手嶋龍一

賢者の戦略　目次

第一章　二十一世紀の火薬庫「ウクライナ」

帝国主義者プーチン

手嶋　二十一世紀は帝国主義の時代である――。佐藤さんは一貫してそう断じてきました。ヨーロッパを中心に地域の統合が進み、国家の垣根が低くなっているいま、「なんとも大げさな」という声が日本の論壇でも聞かれました。

ところが二〇一四年三月、プーチン大統領率いるロシアが、ウクライナ領のクリミア半島を併合しました。ここに及んで、現代の帝国主義の牙がどれほど鋭利なものか、平穏な環境に身を置いてきた日本の知識人も思い知ったのではないでしょうか。

佐藤　プーチン大統領は、クリミア自治共和国とセバストポリ特別市を「クリミア共和国」として独立させ、ロシアに併合すれば、国際社会の批判を浴びることなど重々知っていたはずです。しかし、クリミア半島は歴史的にもロシアと結びつきが強く、現地の住民の大多数がロシアへの編入を望んでいると読んだ。そしてウクライナの親欧米政権にはクリミアを奪還する軍事力がなく、アメリカのオバマ政権も軍事力を発動してまでウクライナ側に立って行動する意思がないことも先刻承知していたんです。そしてEU（欧州連合）を含めて国際社会もまた、併合を渋々認めざるをえないと計算していました。

クリミア併合にあたり、プーチン大統領は「ロシアは国際関係において自立した積極的な参加者である。だからこそ他の国々と同様に、ロシアにも、考慮しなければならない、尊重しなければならない国益というものがある」と演説しました。国益のためなら近隣諸国の領土を侵しても構わない——。これこそ典型的な帝国主義者の発想です。

手嶋　十九世紀に大国の間で戦われた「グレート・ゲーム」を思いださせる、剝き出しの力の論理が化石のように残っていた——。いまクリミア半島の変事をみていると、古典的な帝国主義が復活したように思えます。『動乱のインテリジェンス』、そして続編にあたる『知の武装—救国のインテリジェンス』（いずれも新潮新書）では、佐藤さんがいう「帝国主義」とは、いかなるものか論議してきました。それを「優れて二十一世紀的な現象」と見立てていますね。

佐藤　その通りです。外部世界からの「収奪」と「搾取」を強めて、自国の生き残りと繁栄を築くという点では、十九世紀から二十世紀初頭の旧来型帝国主義と本質は同じですが、貿易などを通じて「外部領域」を確保していくなど、その形態は異なりますから、二十一世紀型の「新・帝国主義」と呼んでもいいと。

手嶋　日本やロシアを含めて二十一世紀の大国群はいずれも「外部領域」をもつ一種の帝国の形をとらなければ生き抜いていけない。だから経済大国ドイツは、ＥＵという「外部領域」を必要としている。佐藤さんはこう指摘し、民族を基本単位に構成する「ネイション・ステート」ではもはや国益を維持できない時代が到来しているとしています。

ロシアにとっての「外部領域」とは、まさしくウクライナであり、ベラルーシ、カザフスタンといった独立国家共同体（ＣＩＳ）を構成してきた国々だったはずです。自由な貿易を基礎にした二十一世紀型の帝国を目指すべきところを、プーチンのロシアは突然クリミアの併合に踏み切ってしまった。これでは二十世紀どころか、力を剝き出しにした十九世紀の帝国主義に戻ってしまいます。

佐藤　ええ、ですから我々としては、ロシアのクリミア併合を公式に認めるわけにはいきません。「主権国家」を前提とせず、ロシアの国益を守り抜くためなら、国連憲章で謳われている建前などにも囚われない――そんな思想がプーチンにはあるんです。もちろん、このプーチンの論理をよしとする国など見当たりませんが。

モスクワ・北京・テヘラン新枢軸

手嶋 二〇一四年一〇月にウクライナの取材から帰ってきました。この前月に隣国ベラルーシの首都ミンスクで、関係国首脳が一堂に会して停戦を決めましたが、現地ではドネツクの国際空港を巡ってなお争奪戦が繰り広げられ、砲火は依然として絶えていません。

佐藤 ウクライナのポロシェンコ政権としては、一〇月の末に議会選挙を控えていましたから、とにかく停戦を実現したと選挙民にアピールしたかった。一方のロシアのプーチン政権も、いつまでも強硬策を続けていれば、経済制裁がさらに強まり、ロシアの通貨ルーブルのさらなる下落を招きかねない情勢ですからね。

手嶋 こうした中で行われたウクライナの議会選挙では、ポロシェンコ大統領が率いる

「ポロシェンコ連合」はじめ親西欧派の諸政党が全体の六割を制しました。これでポロシェンコ体制は一応安定したかに見えるのですが、ウクライナは依然として「二十一世紀の火薬庫」であり続けています。ドネツク州とルガンスク州のうち、ロシア国境寄りの親ロ派の支配地域では一〇月の議会選挙は実施されず、翌一一月初めに独自選挙を行って、「ドネツク人民共和国」と「ルガンスク人民共和国」の元首と議員を選出するという挙に出ました。これに先立って、時計もウクライナ時間より二時間（夏時間期間中は一時間）早いモスクワ時間が採用され、ロシア化が着々と進んでいます。

佐藤　プーチン大統領は、クリミア半島に続いてウクライナ東部の親ロ派の支配地域も実質的な勢力下に置きつつあると言っていいですね。

手嶋　そうなれば、ロシアと欧米の亀裂は一層深まります。

佐藤　刻々変化するウクライナの情勢は、日本にとっても、地球の裏側の出来事ではありません。欧米と日本が戦略的思考を欠いたまま、プーチンのロシアを追い詰めると、ロシアは中国とイランへ接近を強めていきます。そして、モスクワ・北京・テヘランという「新枢軸」が形成される可能性がぐんと強まります。

手嶋　そうなれば中国は、石油・天然ガス大国であるロシアとイランから安定的にエネルギーを確保できるようになります。

佐藤　新たな石油エネルギー調達システムを構築することができれば、新興の軍事大国・中国は、東アジアで本格的な膨張戦略を取りうることになります。ここにも帝国主義の「ゲームのルール」が蘇りつつあるんです。ただ十九世紀の帝国主義と決定的に異なっているのは、ロシアと中国がいまや核保有国であり、イランも着々と核開発を進めているという現実です。「外部領域」を力で収奪するだけにとどまらず、核の刃は一瞬にして地球を葬り去ってしまうのですから。

手嶋　われわれは依然として「核の時代」に生きている——。そう考えると、やはり二十一世紀初頭の日本にとって、対中国戦略をどう構築していくかは死活的に重要です。そして、中国とどのように切り結び、どこで手を打つかという戦略と、今後のウクライナ情勢にいかに取り組むかという対欧戦略は、まさしく裏表になっているのです。

佐藤　ですから、今回のウクライナ問題について、日本を含むＧ７（先進七カ国）は、ロシアとちゃんと折り合いをつけるべきなんです。プーチンのロシアを中国とイランの側に追いやってしまえば、その影響は真っ先に日本に及びます。Ｇ７がロシア側と何とか着地点を見出すことには、安易な妥協だとして批判があるでしょうが、モスクワを対北京・テヘラン枢軸に傾かせるよりましなはずです。そうしなければ、力を背景にした中国の影が一段と日本列島に落ちて、いまより遥かにネガティブな影響が日本を襲うことになりますよ。

手嶋　佐藤さんが指摘する「モスクワ・北京・テヘラン新枢軸」の可能性を、エネルギーの調達の面から改めて検証してみましょう。天然ガスをめぐるロシアと中国の折衝には、現下の国際情勢がくっきりと映し出されています。プーチン大統領は、二〇一四年五月、ウクライナ問題で欧米がロシアに対する制裁を強めるなか、上海を訪れました。そして長年の懸案だった、ロシア産天然ガスを中国に長期的に供給する契約の価格交渉でついに手を打ったのです。実は中ロの交渉は二〇〇六年三月にまで遡ります。北京を訪れたプーチン大統領が中国に天然ガスを供給する構想を初めて持ちかけたのです。

佐藤　このとき、ロシアの巨大エネルギー企業「ガスプロム」とウクライナ政府は、天然ガスの供給を巡る契約更新が料金問題でこじれて紛糾していたんですよね。

手嶋　背景には、その二年前にウクライナで「オレンジ革命」が起きて親欧米派政権が出現したことにあります。その影響で、二〇〇六年初めに、ロシア企業の「ガスプロム」がウクライナ向けの天然ガスの供給を停止する事件が持ち上がっていたのです。これは、ロシアの天然ガスをウクライナ経由で輸入しているドイツなどEU諸国にも大きな影響を与える事態となりました。一方このとき、ロシアと中国は「東ルート」と「西ルート」の双方を介して、天然ガスを中国に供給する覚書に調印しましたが、双方が主張する価格には隔たりが大きく、最終的な合意には至らなかった。二〇一一年の再交渉でも、ロシア側が千立方メートルあたり三五〇ドルを提示したのに対して、中国側は二五〇ドルを主張して折り合いがつきませんでした。

ところが、二〇一四年五月、訪中したプーチン大統領は突如として価格交渉を取りまとめてしまいました。今後、中国への天然ガスの輸出が本格化すれば、将来的にEUという市場に頼らずにすむと読んでいるのでしょう。肝心の価格がいくらで決着したのかを公表していないのも意味深長です。ここは政治的な思惑を優先させて、中ロが手打ちをしたと受け取るべきでしょう。

佐藤　この二カ月前に発動した、欧米諸国による対ロシア経済制裁がこの中ロ合意を後押ししたんです。ロシアは天然ガスを東アジアで存分に売りさばければ、EU諸国に強気で臨めます。つまり、ロシアを締めあげて孤立させることは、「北の大国」を中国側に追いやることになりかねない。ウクライナ情勢で願ってもない「戦利品」を手にするのは中国かもしれませんね。

手嶋　日本の経済界のリーダーも、中国の攻勢にはひどく神経質になるのですが、ウクライナ情勢には必ずしも大きな関心を払わない向きがある。しかしウクライナ問題は、日本の対中国戦略に直結すると捉えるべきでしょう。

佐藤　そう、ロシアと中国がさらに連携を強めていけば、東アジアの戦略地図は塗り替えられてしまう。そうなると、沖縄は中ロに対抗する軍事基地としての戦略的な比重が飛躍的に高まります。だとすれば、沖縄の声に耳をもっと傾ける必要があります。そうすることで、東アジアの大切なキー・ストーンをがっちりと握っておくべきなのですが、安倍政権は沖縄の感情を逆撫でするようなことばかりしている。沖縄の戦略上の位置付けがわかっていないように思えます。

手嶋　二〇一四年一一月の沖縄県知事選挙で、自民党が推す仲井眞陣営が翁長陣営に敗れたのは、単に基地の移設問題だけでなく、沖縄の「自己決定権」を求めるうねりを軽く見たからでしょう。

ソ連が抱えた「赤い兵器廠」

佐藤　変な表現ですが、「忘れられてしまう国家」というのが歴史上あるんです。内戦がいよいよ泥沼化し、隣国ロシアのある種の軍事介入によって一気に緊張が高まったウクライナは、まさにその典型です。この国はじつに錯綜した歴史をたどり、いまでは現代の「破綻国家」になってしまった。始まりは「ブレスト＝リトフスク条約」でした。

手嶋　ブレスト＝リトフスク条約というのは、第一次世界大戦末期の一九一八年、社会主義革命で誕生したソビエト政権が、帝政ドイツと結んだ単独講和の条約でした。新生ソビエト政権は、ドイツと停戦する代わりに、帝政ロシアの支配下にあったポーランドやリトアニアなど広大な領土を手放します。この時、ウクライナも、永年続いたロシアの軛《くびき》を脱して念願の独立を果たしています。ところが隣国ドイツで敗戦をきっかけに革命が起き、条約は破棄されてしまいます。その頃からウクライナ領内では、それだけで一冊の本が書けるほど、じつに様々な勢力が入り乱れ、内乱と抗争が繰り返され、裏切りや謀略が果てしなく続いていった。この混乱に乗じて、ソビエト政権を後ろ盾にしたボリシェビキがウクライナ全土を制圧してしまいます。そして一九二二年、ソビエト連邦を構成するウクライナ共和国になったのです。

佐藤　ことウクライナとロシアの国境はこの時のままなんです。一九九一年にソビエト連邦が崩壊し、ウクライナが分離・独立すると、初代のクラフチューク大統領は欧米とロシアの中間くらいの政治的立場を取りましたが、その後、ロシアの影響が強いクチマ政権ができたり、内部抗争が激化したりと、非常に不安定な状態に置かれました。

このような歴史的経緯があり、国家の統治もうまくできていない。だからウクライナ人は国を一つにまとめる民族意識が醸成されにくいんですよ。そのため、いかがわしい武器商人など、外部の怪しい人間がどんどん入り込んでくるわけです。手嶋さんの書かれた『ウルトラ・ダラー』（新潮社）は、北朝鮮によるウクライナ製巡航ミサイルの買い付けをめぐって、息詰まる攻防が繰り広げられています。ウクライナで起きているのは、まさしくあの「インテリジェンス・ワールド」なんです。

手嶋　『ウルトラ・ダラー』は、北朝鮮の精巧な偽札にまつわる物語の体裁をとっていますが、偽札はほんの舞台回しの材料にすぎません。本物と見紛う百ドルの札束で買われていった、ウクライナ製の武器こそが主役だったのです。冷戦が幕を下ろして十年余りが経ち、米ロ両大国の統制が緩み始めた。その〝柔らかい脇腹〟から、もっとも警戒すべき新鋭兵器が運び出されようとしていた。それが核弾頭搭載可能なウクライナ製巡航ミサイル「X55」でした。各国のインテリジェンス機関がこぞって熱い視線を注いでいた獲物を、物語の形で写し取ったものでした。

佐藤　ウクライナ製の新鋭兵器が東アジアの戦略環境に大きなインパクトを与えるというのは、まさに今日の事態を予見していたわけですね。だから僕はこの作品を「日本に突然変異のように現れたインテリジェンス小説」と見立ててきたんです。ウクライナ製の巡航ミサイルは、アメリカの巡航ミサイル「トマホーク」の全くのコピーと言われています。その新鋭兵器が地下鉱脈を通じて中国の兵器ブローカーの手に渡り、さらに北朝鮮にも流れていく。

手嶋　アメリカ、イギリス、イスラエル、ロシア――、各国の諜報機関は、競ってこの獲物の行方を追っていました。しかし、世界の深奥部で生起している出来事ほどニュースにならないものです。

佐藤　北朝鮮がそれを手にすれば、ノドン、テポドンのように中長距離ミサイルを持つだけでなく、もう一つの兵器体系である巡航ミサイルを持つきっかけを与えてしまう。

ただし、『ウルトラ・ダラー』の内容については、いくら「情報通の元ワシントン支局長」でもこんな機密情報を知りえるものかと、読者の皆さんは思ったでしょう。これについては、手嶋さんの発信力に目をつけて、さりげなく取材に応じる形で一級の情報をリークしたのではないか、手嶋さんなら洗練された手法で、つまり物語《フィクション》という形をとって発信してくれるのではないかと思った――これが僕の読み筋ですね。

ところで、ベルリンの陥落によって「第三帝国」ナチス・ドイツは崩壊しましたが、彼らが生んだ兵器は戦後世界の戦略環境を一変させたと言っていい。第二次大戦の末期に、戦局の起死回生を期して開発したミサイルの「V1号」「V2号」という新兵器がそれでした。V2号ロケットは、北朝鮮製のノドン、テポドンのような弾道ミサイルの系譜に属しています。それに対して、V1号は一種の巡航ミサイルの系統になります。弾道ミサイルに比べるとスピードは遅いんですが、正確に標的を狙うことができる。つまりピンポイントの攻撃が可能となります。ぴたりと相手を仕留めるという点では、非常に怖い兵器なのです。

手嶋　ナチス・ドイツの新鋭ロケットは、イギリスの都市を狙って発射され、チャーチル首相の心胆を寒からしめたと言われます。そうした威力を目の当たりにして、この新鋭技術をどうしても欲しがったのがソ連のヨシフ・スターリンでした。赤軍がドイツを占領するや、真っ先に探したのがロケットの開発技術者です。彼らの身柄を捕えて、ソ連製のロケット開発に従事させるためでした。そうやってドイツの技術を移転し、独自の工夫を重ね、自前のロケットやミサイルの開発に邁進していった。その研究・開発・生産の拠点となったのが、ソ連邦に組み入れられていたウクライナだったのです。その意味で、ウクライナこそ、ソ連邦にとって最重要の「赤い兵器廠」だったのです。

佐藤　冷戦が終わってソ連邦が崩壊し、ウクライナはようやく独立国となりますが、東欧・ロシア圏でなお最大級の兵器産業を抱える一帯である事実は少しも変わっていませんよ。前著で、プーチンがウクライナをNATO（北大西洋条約機構）に渡すことだけは容認しないはずと指摘したのは、まさしくかつての「赤い兵器廠」ゆえなんです。

手嶋　二〇一二年のスウェーデンのSIPRI（ストックホルム国際平和研究所）の統計を見ても、ウクライナが世界有数の武器輸出国であることが分かります。輸出額は、アメリカが第一位で八七億ドル。これは頷けます。第二位はロシアが八〇億ドルと僅差で続き、第三位は中国で一八億ドル。ところが、その次の第四位になんとウクライナが一三億ドルで顔を出しています。二〇一二年は、まだ親ロ派のヤヌコビッチ政権下で、ロシアとウクライナは友好関係を保っていました。この両国の兵器の輸出額を合算すると九三億ドルとなり、超大国アメリカを凌ぐ水準です。しかし、ウクライナで騒乱が起きるまでは、こうした実態を把握している人は少なかったのではないでしょうか。

佐藤　ＳＩＰＲＩという研究所は、イギリスのＩＩＳＳ（国際戦略研究所）が発行している『ミリタリー・バランス』なんかと比べると、東西冷戦的な発想、つまり東側陣営を重大な脅威と見る発想はあまりないんですね。一般的に西側の研究機関の数値は、東側を大きく見て比較的高めに、西側の軍備は控えめに出される傾向があります。ということは、ウクライナの兵器の輸出額は実際にはもっと大きく、超大国アメリカに接近している可能性があると見なくてはいけないですね。

手嶋　兵器大国ウクライナ恐るべし――。しかもウクライナの軍事産業の拠点は、親ロシア派武装勢力とウクライナ軍が戦闘を繰り広げている東部と南部に集中しています。ですから、プーチンのロシアにとっては、死活的な利害が絡んだ地域なのです。

佐藤　ウクライナっていうのは、自分は西側だという顔をしているんですが、実のところ、その懐にはロシアの情報工作員も、中東の武器商人も、そして中国の兵器ブローカーも入り込んでいて、文字通り魑魅魍魎ですね。兵器の輸出大国といっても、実際に取引を国家がきちんと管理しているかは大いに疑問ですよ。核弾頭が装着可能なミサイルなんて、闇のなかで実態はわかりません。『ウルトラ・ダラー』は、兵器取引の〝隙間〟を覗き込み、警鐘を鳴らした著作として非常に意義があると改めて思うんです。

武器商人の顔をもつスパイ

佐藤　兵器売買の話になったので、ロシアの実情をお話ししておきましょう。あまり表に出ない話なんですが、アメリカなんかとロシアでは兵器の捌き方が全く違うんですよ。

手嶋　ロシアのインテリジェンス・オフィサーは、実は武器商人を兼ねていると。

佐藤　そう、ロシア連邦軍参謀本部のＧＲＵ（情報総局）が、情報だけでなく武器の売買も担当しているのです。日本でもスパイ事件で捕まるロシア人は、ほとんど全部この組織に所属している連中です。大統領管轄のＳＶＲ（ロシア対外諜報庁）は何年もかけてじっくり情報要員を育てるのがふつうなんですが、ＧＲＵの場合は恐ろしく〝促成栽培〟なんです。私がロシアの関係者から聞いた話だと、研修と言っても六カ月ぐらいしかやらないらしい。たとえばＧＲＵで〝日本サービス〟が要るとなれば、軍で日本語ができる将校の中からみつくろって「君行ってくれ」という感じで派遣するんだそうです。

手嶋　しかも活動費は、武器売買を通じて自前で稼ぐと聞きましたが――。

佐藤　だから彼らはものすごく潤沢な資金を持っているんです。

手嶋　自分たちの情報活動費は武器の売り上げから賄っているというわけですか。

佐藤　その通りです。本国に報告している収支とは別のところで〝稼いで〟いる。武器のディールなんて値段があってなきがごときものでしょう。実はこれ、ソ連崩壊後の混乱に端を発して始まった訳じゃなくて、ソビエト時代からそうやっていたんですね。

手嶋　ソ連赤軍諜報部の荒っぽい商人と比べたら、アメリカのＣＩＡ（中央情報局）の工作員など郵便局の経理課員のようなものだなあ。実にこと細かに管理されています。一方でイギリスのＳＩＳ（秘密情報部）は、とてつもない資産家の息子がいたりして、〝逆公私混同〟、つまり自分のポケットから活動費を出すケースもあるんです（笑）。

佐藤　一九八五年に元ＧＲＵ諜報員のビクトル・スヴォーロフが書いた『Aquarium : The Career and Defection of a Soviet Military Spy（アクアリウム―あるソ連軍事スパイの経歴と裏切り）』という本にも、諜報員が武器を売っていたという実話が出てきます。まあ、話の細部では信憑性に関していろんな議論もあるんですが、ＧＲＵのいかがわしい体質はよく描かれていますね。ちなみに、何で『アクアリウム（水族館）』かというと、GRUの建物が全面ガラス張りだから、それが関係者の符牒になったのです。

手嶋　どこか詩的でプーシキンの国らしいですね。英米では、SISは「ヴォクソール」、CIAなら「ラングレー」など、多くは所在地を符牒に使っているだけで実に散文的です。

佐藤　符牒は詩的でも、GRUという組織はすごく乱暴なのが特徴です。例えばアメリカを担当する部局も、日本を担当する部局も、同じように日米同盟の調査をやっている。だから、諜報員のリクルート先がかぶったり、お互いの工作員が気づかないうちにぶつかって情報源を奪い合ったり。水槽で泳いでいるのは共食いを平気でするようなサメばっかり——そういう荒っぽい諜報組織なんです（笑）。だから、SVRの連中もGRUをとても嫌っている。乱暴なことをする彼らが入ってくると、トラブルばかりでロクなことがない、と。かつての関東軍をもう少し煮詰めたような組織が、世界各地にアメーバのように広がって諜報活動を繰り広げているイメージです。

手嶋　日本にもGRUの工作員は、当然いるわけですね。

佐藤　もちろんいますよ。彼らにとって日本は重要な諜報の対象ですから。ただ、日本ではロシア製の兵器を買ってくれる組織がありませんから、彼らにあまり力がないんです。韓国に駐在するGRUは日本よりも力がある。北朝鮮の兵器がロシア仕様だから、韓国はサンプルとして若干だけれどロシア製の兵器を買っているんです。

手嶋　日本も官房機密費から支出して、サンプル兵器を購入することも検討してみてはどうでしょう。そうすれば、北朝鮮製兵器の研究にも役立つし、隣国ロシアの軍情報機関の手の内もわかり、一粒で二度おいしい妙案かもしれません（笑）。

佐藤　そうなると面白いですね。実のところ、北方領土交渉の際には、こうしたロシアの諜報機関がどんなインテリジェンス・リポートをクレムリンにあげるかが重要になってきます。そのときやっぱり〝金は力なり〟で、売り捌く兵器の量に比例して工作員の発言力に違いが出てくる。その点で、中東全域、インド、さらには中国のGRUの連中は、非常に強い発言権を持っています。

手嶋　さかのぼれば、赤軍の諜報組織であったGRUは第二次世界大戦で日本の命運を左右したインテリジェンス機関でした。真珠湾攻撃の可能性を事前に察知し、「日本軍はソ連を標的にして北進せず、南に向かう」とクレムリンに打電した〝二十世紀が生んだ最高のスパイ〟、リヒャルト・ゾルゲを東京に潜ませていたのですから。

佐藤　当時は労農赤軍本部の第四局に諜報組織が置かれていました。

手嶋　佐藤さんの説明では、ロシアの軍諜報部はじつに人使いが荒っぽいということでしたが、ゾルゲの時代もそうだったようですね。あれだけの大仕事をさせていながら、モスクワからは十分な活動資金が届かなかった。ゾルゲは、部下のドイツ人であるマックス・クラウゼンにコピー機を製作するクラウゼン商会を経営させ、自前で諜報ネットワークをつくりあげています。思想的には共産主義にすべてを捧げていても、〝兵糧〟すら十分に供給されなければ、モスクワへの不信感は募っていきますよ。

佐藤　「諜報員は金を出してくれる親分に忠誠を尽くす」――これは諜報界の鉄則です。その意味でゾルゲの場合は、東京のオットー・ドイツ大使こそ本当の親分だったというのが僕の見立てです。モスクワからこれといった情報も満足な金も届かないという意味では、ゾルゲはまさに「ワンマン・インテリジェンス」ですね。

手嶋　イギリスのインテリジェンス機関も、時折このタイプのスパイを輩出します。

佐藤　本部の指令に従わないで事をなす――ＧＲＵっていうのは、やっぱり伝統的にそういう傾向が強いんですね。それだけに、ある意味では官僚的じゃない。

手嶋　その限りでいえば、佐藤ラスプーチンとも、親和性がありそうですね（笑）。

佐藤　そうかもしれません。

見る者によって「見え方」は変わる

手嶋　二〇〇四年、ウクライナでは、大統領選をめぐる不正への抗議運動に端を発した「オレンジ革命」が起き、欧米諸国の後押しを受けたユシチェンコ政権が誕生します。そのため、欧米とロシアの間を長年揺れ動いてきたこの国も、いよいよ西側諸国への仲間入りを果たした――日本ではそう受け止められました。しかし、『動乱のインテリジェンス』で佐藤さんは、こんなウクライナを「虹のスペクトル」と表現しています。つまり、赤から紫まで色が徐々に変化するスペクトルのなかで、赤寄りと見るか、紫寄りと見るかは見る者の立場によって変わってくる。この国は変幻自在なのだ、と。

カメレオンのように立場を変える政治家も出てきます。二〇一四年の大統領選挙で当選したペトロ・ポロシェンコもまさしくそんな一人です。かつてはカカオ豆の商売をしていましたが、旧ソ連時代から人気だったチョコレート「アレンカ」の国営工場を安く払い受けて、瞬く間に財を成し、「チョコレート王」の異名を持っています。彼は親欧米派のユシチェンコ政権で外相を務めながらも、二〇一二年の国会議員選挙に無所属で立候補し、その後親ロ派のヤヌコビッチ政権に転じて経済発展・貿易相を務めました。まさしく虹のスペクトルを地でいくような政治家です。

佐藤　さしたる政治信条など持ち合わせていないんですよ、この政治家は。二〇一四年二月、ヤヌコビッチ政権に反対する運動が拡大するや、にわかに親欧米派の反ヤヌコビッチ陣営にテコ入れしはじめました。そうしなければ、政権崩壊後、「汚い政商」として弾劾される可能性もあったからです。彼は大統領とロシアを激しく非難することで、「ヤヌコビッチのインナーサークルの一員」という過去を見事に消してしまったんです。

手嶋　二〇一三年にウクライナ国民の政治意識を世論調査した「ギャラップ」の興味深いデータがあります。「望ましい政治体制は？」という問いに対して、首都キエフを含むウクライナ西部では「西欧スタイルの民主共和制」と答えた人が五七％と多数を占めました。これに対して、クリミアを含む東部では、「以前のソビエト体制」がなんと二三％、「ソビエトに近いが民主的市場主義体制」が三四％と、あわせて五七％の人々がソビエト時代に郷愁を抱いているという結果が出ています。つまり、ウクライナという国には、東西の間に活断層が走っているんです。

そうした意識の違いは、ロシア系人口の比率の違いでもある。西部のロシア系住民はわずか五・四％、これに対して東部では三〇・三％を占めています。クリミアにいたっては六割近くがロシア系住民です。加えて東部は天然ガス、石炭などの地下資源が豊富で、ロシアの産業との結びつきも強い。それだけに東部に住む人々には、自分たちこそウクライナ経済を牽引してきたという自負が強烈です。国内で民族構成と政治意識がこれほど大きく隔たっていては、親欧米派政権であれ、親ロ派政権であれ、ウクライナ国民を一つにまとめて統治していくのは実に難しい。

佐藤　われわれも便宜的に「親ロシア」「親欧米」と表現していますが、いまのウクライナは、まさしく「虹のスペクトル国家」なんです。一見すると、「民主的な親欧米路線」を歩んでいるように見えるポロシェンコ現政権も、一皮剝がすと、国内の権力基盤が脆弱なために、欧米諸国、とりわけアメリカの支持を取り付けておくことが政権の維持に欠かせないと考えているにすぎません。「親ロ派」のヤヌコビッチ前政権ですら、ロシアの単なる傀儡ではなく、大統領とその側近たちが、利権を漁るにはロシア側につく方がいいと考えたからにすぎません。逆にEUと関係を強めたほうが実入りも多いと考えたら、EUになびいたかも知れません。ウクライナの権力の中枢で蠢く「親ロ派」

と「親欧米派」など所詮は、富と権力次第なんですよ。

「親欧米派」に巣食う極右

佐藤　〝毒蛇〟のロシアと〝毒サソリ〟のウクライナが、国境を挟んで睨み合い、隙あらば飛びかかって相手を食いちぎろうと対峙していますが、日本はどちらにも肩入れする必要などないと思います。もちろん、国家主権を侵害してクリミアを併合したロシアの帝国主義的な行為は許されませんが、いまのウクライナ政権が自由、民主主義、市場経済といった価値観をわれわれと共有していると思ったら大間違いです。

手嶋　日本の報道だけを見ていると、腐敗しきって独裁的だったヤヌコビッチ前政権は親ロシアの路線をとり、民主的な政策を推し進めるポロシェンコ現政権はアメリカやEUとの連携を目指していると単純に受け取りがちです。キエフの独立広場で始まったヤヌコビッチ前政権に対する二〇一〇年の抗議行動も、自発的な「市民のデモ」という視点でニュース映像が流されています。しかし実際には、火炎瓶を投げ、拳銃を乱射する者のなかには過激派グループも含まれています。

極右勢力も無視できない役割を果たしました。特にウクライナ西部の東ガリツィア地方は古くからウクライナ・ナショナリズムの策源地です。なかには公然と「反ユダヤ主義』や「ネオナチ」の主張を掲げる「スヴォボディ（自由）」党員が紛れ込んでいるようです。私が訪れたリヴィウの青空広場でも、ヒトラーの『マイン・カンプ（我が闘争）』の復刻版が売られていました。暴力と流血に後押しされて権力を掌握した「親欧米路線」のポロシェンコ政権という実像が見え隠れしています。

佐藤　ロシア語で「エトノクラツィヤ」という言葉があります。英語だと「エスノクラシー（ethnocracy）」に相当しますが、多民族国家において、特定の民族だけで政治、経済、教育、文化のすべての権力を掌握しようとする政治の病理を言い表した言葉です。

手嶋　その点で注目すべき動きがありました。ヤヌコビッチ前政権が崩壊し、「親欧米」路線を掲げる暫定政権が現れた時、彼らがまず手をつけたのは、ロシア語を準公用語としてきた言語法を撤廃し、ウクライナ語のみを公用語にするという政策でした。

佐藤　これに対して、東部と南部に住む人々からは猛反発が起きましたね。彼らのなかには、ウクライナの国籍を持ち、ウクライナパスポートを持ちながら、日常的にはロシア語をしゃべっている人も多いんですよ。自分はウクライナ人なのか、ロシア人なのか、はっきり意識していない人もいる。いままでは、それでも全然困らなかったんです。

手嶋 たしかにウクライナに行ってみますと、言語と民族と国家のアイデンティティが錯綜していますね。二〇〇一年の国勢調査では、ウクライナ語を母語とする人が六七％、ロシア語を母語とする人が二九・六％となっていました。実際には二つの言語をともに話し、どちらが母語かあいまいな人たちが多いのが実状です。ウクライナ科学アカデミー社会学研究所によると、家庭内で日常的にウクライナ語だけを話している人は三八・二％にすぎないというデータもあります。こういう実態を無視して、ウクライナ語だけを公用語にするのは、民族主義の排外的政策だという批判を招きます。

佐藤 いまウクライナの東部と南部で起きている出来事は、私よりちょっと上の世代くらいの、学生運動を知る人たちなら分かると思いますが、中核派と革マル派の内ゲバと似てるわけです。同じ革命的共産主義者同盟という組織にいたのに、幹部のほうでいさかいが起きて分裂してしまった。すると、末端までもがどっちに所属するのか決めなくてはならなくなり、あげく殺し合いまで始めたわけです。その様を描いて、爆発的に売れたのが『青春の墓標―ある学生活動家の愛と死』（奥浩平著、文藝春秋新社）という小説です。つき合っている彼女は革マル派に行き、自分は中核派、それで最後は命を絶ってしまう。

　同じような状況が、今ウクライナの家々で生まれているんですよ。ひと言で属する国を選ぶといっても、どっちにいくかによって、殺されてしまう可能性だってあるわけです。だから大変な決断を強いられている。異常な不安定さ、異常な恐怖が、いまウクライナの東と南を支配しています。このような社会の流動化とそれによる恐怖があるところでは、情報機関の工作もすごくやりやすいんです。

マレーシア機撃墜の闇

手嶋　さて、ここでいよいよ「マレーシア航空機撃墜事件」の闇に挑んでみたいと思います。この事件は二〇一四年七月一七日に起きました。オランダのスキポール空港からマレーシアのクアラルンプール国際空港に向かって離陸したマレーシア航空機が、ウクライナ東部の上空に差しかかったところで突如墜落したのです。乗員・乗客合わせて二九八人が犠牲になりました。その後の経緯をあらためて検証しておきましょう。
佐藤　最も反応の早かったのがウクライナでした。内務省顧問のアントン・ゲラシチェンコがすぐに「親ロシア派のミサイルによって撃ち落とされた」と断じたのです。保安局からは、親ロシア派武装勢力のメンバーが「飛行機を撃墜した」とロシア軍幹部に報告する交信の傍受記録が明らかにされました。翌一八日には、撃墜に関与したとみられる地対空ミサイル「ブーク」が、分解されてトレーラーに載せられ、国境を越えてロシア側に戻るところを撮影したことも発表されました。

手嶋　常の情報戦なら、ロシア側はただちに反論するところですが、この時点ではまだ不気味な沈黙を守ったままでした。

佐藤　そう、ロシア側が、〝完黙〟を解いたのは、事件から三日も経った七月二〇日の日曜日になってからです。夜の九時のニュース「ブレーミャ」で反撃にでます。ロシアでは最も権威のあるニュース番組です。その日の特集コーナーで、声紋学者が登場し、ウクライナ側が公表した盗聴記録の不自然な点を分析し、盗聴された音声なるものは巧みにつなぎ合わされた「合成だ」と指摘しました。また、件のブーク・システムの移動写真も、背景に写っている看板広告から、撮影場所はドネツク州のぐんと西方だと分析し、ウクライナ政府の管轄地域だと反論したのです。

手嶋　ウクライナ側の発表が信憑性に欠けると疑わせる作戦にでたわけですね。

佐藤　ところが面白いことに、ロシア側には「西側に対して説明する」という姿勢が全然見えなかった。あくまでロシア国内にだけ説明しているという意図が見て取れました。

手嶋　従来なら、たとえ不利な局面でも、「正義はわれにあり」とアグレッシブな情報戦を仕掛けてくるように思うのですが。

佐藤　ところがあの局面では、意図的に戦線を縮小した節が窺えました。同時に、国連の場で外交的に争うようなこともしなかった。今までになかった現象が起こったんです。もちろんこれは、プーチン大統領の指示だったのでしょう。

　集団的自衛権に絡む閣議決定で、公明党と創価学会が採った政治のスタンスに似ていると感じました。公明党と創価学会は、対外的に自分たちが何をやったという説明にほとんどエネルギーを注いでいない。徹頭徹尾、自分たちの組織内部をいかに説得し、固めるのか、という基準で動きましたよね。プーチン政権の手法もまったく同じです。

手嶋　その結果、国際社会からは囂々たる批判を浴びた一方で、プーチン政権の国内の支持率は八〇％台とかつてない高い数字となりました。

佐藤　アメリカなどが発動した経済制裁はやがて効いてくるにしろ、プーチン大統領の政権基盤はかつてなく固まっており、向かうところ敵なしなんですよ。しかし、支持率が八〇%を超える状態がここ三カ月以上続いているという状況は、明らかにロシア国民の心理状態が異常になっていることの反映ですね。ロシア人というのは、あのソビエト時代の強制選挙下だって一%の有権者が反対票を投じたのですから。つまるところ、プーチンという政治指導者がロシア人の深層意識にまで入り込んでがっちりと摑んでしまった、何か巨大なものを動かすことに成功してしまった、ということなんです。裏を返すと、西側諸国が知らず知らずのうちにロシア人の逆鱗に触れてしまったのでしょうね。ロシアにとってウクライナはある種の〝聖域〟だったのに、手を突っ込んでしまった。

手嶋　マレーシア航空機撃墜の背後で、ロシア軍が何らかの形で関与していた事実が明るみにでれば、プーチン政権は国際社会で孤立し、各国の経済制裁が強まる可能性もあります。その意味でも、事件の真相を究明する最後の拠り所となるのが、操縦室の様子などを記録した「ブラックボックス」です。最初にブラックボックスを見つけて回収したのは、ウクライナ当局だったと言われています。やがて、親ロ派兵士の手に渡り、その後オランダ政府の手を経て、イギリスの機関で検証が進められています。

佐藤　現場でブラックボックスを見つけて回収したという「ウクライナ当局の係官」の写真は、きちんと「絵解き」をしたほうがいいかもしれないですね。

手嶋　親ロ派が、ウクライナの当局者に偽装してブラックボックスを回収した可能性が排除できないということでしょうか。

佐藤　こうしたケースでは、双方の発表はすべて疑ってみるのが常道です。国家は平気で嘘をつきますからね。そのまま信じてはいけない。西側のバイアス、ロシア側のバイアスも、すべてを織り込んで考えなければ。一方で、事態がはっきりしないうちに「すべて偽装だ」という悪意の想定をすると、正確な分析ができなくなってしまう。現時点においては、すべてを「仮定」だと考えておいたほうがいいと思います。

ただ、ウクライナの嘘はすごく下手くそで、すぐに底が割れるのだけど（笑）。今回のマレーシア機撃墜事件では、ウクライナ政府は嘘をつきまくっているわけです。これをロシアから見れば、嘘をつかせているのはアメリカに見えている。ミサイルをロシア領内に運び出すという件の映像を公表したのも、一種の偽装工作で、背後にはアメリカのインテリジェンスの影がちらついている、というわけです。

手嶋　アメリカがウクライナを通じて、反ロシア情報を国際社会に発信させているという図式ですね。

佐藤　メディアも派手な話が好きですから、ウクライナの言っていることを大きく伝えて、何となくそれで国際社会が動いていくような空気がある。ロシアからすると、そんな国際的な謀略に嵌められているという被害者意識が醸成されつつあります。

「国家は嘘をつく」

手嶋 「国家は嘘をつく」——佐藤ラスプーチンの箴言ですね。確かに、究極の有事にあっては、国家は生き残りのために誠心誠意、嘘をつく。

ブッシュ政権をイラク戦争に誘いこむことになったのは、亡命イラク人技術者の持ち込んだガセネタでした。「カーブボール」というコードネームを持つこの男は「イラクは極秘裏に化学兵器の開発に手を染めている」と亡命先のドイツの諜報機関を騙し、この嘘が次第に肥大化してアメリカを強硬姿勢に駆り立てていきます。ところが、当のフセイン政権も大量破壊兵器さえ持っていれば、アメリカは攻撃をためらうはずと考え、この嘘を敢えて否定しませんでした。これもイラクという国家が嘘をついた一つの例でしたが、結局自らイラク戦争を招き、フセイン政権は倒されてしまった。

しかし、今回のアメリカ政府は手堅い対応をみせましたね。オバマ大統領は事件の翌一八日に出した最初の声明で、「確かなエビデンス（証拠）によれば、親ロ派の支配地域から発射されたミサイルによってマレーシア航空機は撃ち落とされた」と断じました。

佐藤　これは極めて正確なものの言い方です。

手嶋　アメリカのインテリジェンス・コミュニティは、イラク戦争の苦い教訓もあって、決定的な局面で大統領にどんな発言をさせるかを考えるにあたり、きわめて慎重に事実関係の洗い出しをします。各情報機関がそれぞれに「確かなエビデンス」を精査する。まさに彼らの腕の見せ所です。そしてその情報を国家情報長官が取りまとめ、スーザン・ライス国家安全保障担当大統領補佐官に手渡したのです。「ここまでなら断言して大丈夫」と大統領発言を詰めに詰めて吟味したのでしょう。

佐藤　今回は「親ロ派の支配地域から発射された」と表現したところがミソですね。

手嶋　そう、どこから撃たれたかは、情報収集衛星などの情報で断定していますが、「誰が撃ったか」には慎重にも触れていません。推測できる可能性としては、「親ロ派が撃った」、「ロシア軍の指導のもとに親ロ派兵士が撃った」、「親ロ派のように見せかけてロシアのミサイル部隊が撃った」の三つになる。大統領声明は、この三つの可能性を示唆しているわけです。

佐藤　そう、微妙な言い回しで、三番目の可能性に国際世論を誘導したがっている。事実の範囲を超えないようにしながら、あわよくば国際世論を有利な方向に誘導しようと狙ったのでしょうね。アメリカの思惑はまさにそこにありますよ。

手嶋　国際世論をどういう方向に誘導したいか意識はしているものの、嘘はついていません。とはいえ、日本のメディアは三番目の含意を全く汲み取れませんでした。誤解のないように言っておきますが、三番目の可能性が高いという訳ではないのです。ただアメリカ側としては、「われわれの言わんとする意図は正確に読み取ってほしい」と失望していましたね。「わかってないじゃないか」と。

佐藤　一方、ロシア国防省の会見では「マレーシア航空機の横をウクライナ空軍のスホイ戦闘機が飛んでいた」と何度も強調しています。親ロシア派は事件前日もこの戦闘機を撃墜していますから。「ウクライナ側が戦闘機をわざと狙わせて、民間機を意図的に誤爆させた」という印象を醸し出したかったのでしょうね。ただし、語ったのはそこまでです。プーチン自身は「ウクライナが撃った」とは一言も言わなかった。ロシア側もあの地域で電子情報の収集をかなり積極的にやっていますから、「親ロ派がやった」ということは分かったわけです。でも、不都合な真実は自ら話すことはない。極力時間稼ぎに徹したのでしょう。これが情報戦の戦い方なんです。

手嶋　つまり、かなり早い段階で全て承知していたということなんですね。それにしても、今回、プーチン大統領は、物言いが非常に慎重で、国内向けの世論工作ももっぱら国防省に委ねています。ピタっと踏みとどまっている——そんな印象を受けます。

佐藤　プーチン自身は「恐ろしい悲劇の責任は、それが起こった国にある」と言った。つまり、ウクライナ側が悲劇を招いたと。まさに国際法の教科書どおりの対応です。

ただ、プーチン大統領も悩んでいると思いますね。プーチン政権がいま最も眼を凝らしているのは中東です。中東地域の混乱は、即、コーカサス地域に降りかかってきますし、構造的に多くのイスラム教徒を抱えるロシアにも悪影響を与えざるを得ない。そんな中東の容易ならざる事態というのが、ウクライナに目を奪われている間にどんどん進行しています。一方で、中東の産油国の原油産出に支障が出るような状況になれば、ロシア産原油や天然ガスの輸出に有利な状況が生まれるという事情もある。そのあたりも睨みながら、クレムリンで思索をめぐらしているのではないでしょうか。

大韓機撃墜の教訓

手嶋　民間の旅客機が撃墜された時、各国の政府はどう振る舞えばいいのか。まず押さえておかなければならない過去の事例は、「大韓航空機撃墜事件」です。冷戦が再び厳しさを増していた一九八三年九月、稚内沖で悲劇は起きました。ニューヨークの空港を飛び立ってソウルに向かっていた大韓航空機が、なぜか当時のソ連の領空を侵犯してしまい、ソ連防空軍機に撃墜されたのでした。

大韓航空機はよろよろとサハリン沖でソ連領空に差しかかる。当然、ソ連防空軍機はスクランブル発進して追尾します。大韓航空機がまさにミサイル発射の射程に入ったとき、戦闘機のパイロットは防空司令部と交信し、攻撃の許可を仰ぎます。司令部からは「撃ってよし」の指示が出た。大韓航空機は乗員・乗客もろとも北の海に墜落していきました。今回同様、全員が死亡してしまったのです。冷戦のさなかですから、ソ連政府は撃墜の事実をすぐには認めませんでした。この時も、真相解明の決め手となるブラックボックスの回収劇が、米・ソ・韓・日の艦艇が入り乱れて繰り広げられたのでした。

原因は計器の故障ともいわれましたが、真相はいまも明らかになっていません。

佐藤　実はブラックボックスは墜落後、ほどなくしてソ連当局の手で回収されていたのですが、その事実が明らかになったのはソ連崩壊後のことです。

手嶋　事件の起きた直後は、ソ連当局は大韓航空機を撃墜した事実を否定してみせました。しかし、そのソ連側の主張を突き崩す決定的なエビデンスを入手していたのが、実は日本側だったのです。米ソの冷たい戦争の主戦場で、日本が主要な役割を果たした本当に稀な出来事でした。事件のあった時、三沢の陸上自衛隊の電波傍受部隊が稚内にも駐在していて、ソ連軍の動向を探っていたのです。

佐藤　陸上自衛隊の調査部第二課別室、通称「調別」ですね。

手嶋　ソ連側の電波傍受をもっぱら行う優秀な人材を抱えた組織で、彼らの活躍はまさに〝冷戦の絶頂期〟にふさわしいものでした。日本側はソ連軍の通信の周波数帯を完璧に押さえていました。「撃ってよし」という指令をかなりクリアな音声で傍受することに成功していたのです。本来なら、この手の極秘情報は、防衛庁（当時）を経て内閣官房長官、そして総理へと速やかに伝達されなければならないはずです。当時は〝泣く子も黙るカミソリ〟後藤田正晴が内閣官房長官、そして中曽根康弘が総理のポストにいましたが、あろうことか、稚内にいたアメリカ軍のインテリジェンス・オフィサーにもその録音テープが同時に差し出されていたのです。

佐藤　調別の施設は、もともとは在日アメリカ軍のものを日本側が引き継いだこともあって、アメリカ軍の情報将校も同居していましたからね。双方入り乱れてズブズブだったんですよ。ちなみに、ロシアに亡命したあのスノーデン氏も、一時、電波傍受を担当する在日米軍三沢基地に在勤していた。すべては繋がっているんです。

手嶋　決定的なエビデンスを手にしたレーガン政権は、国際場裏でソ連を追い詰める動かぬ材料として使ったんです。この時、アメリカの国連大使を務めていたのはジーン・カークパトリック女史でした。鬼瓦のような風貌でソ連大使の前に立ちふさがる、まさしく冷戦の闘士にふさわしい対ソ強硬派でした。彼女は安保理でこの証拠をソ連側に突き付け、レーガン大統領自身もテレビを通じて全世界にソ連の非道を訴えたのです。

佐藤　でも肝心のエビデンスは、日本が独自に入手した国有財産ですよ。

手嶋　ですから、アメリカ政府がその証拠を勝手に公にすると、ワシントンの日本大使館から連絡を受けた後藤田官房長官は激怒したのです。「日本はれっきとした主権国家であり、日本政府の了解なくして勝手に公表するとは何事であるか」と。そこで急遽、アメリカ政府が公表する三十分前に、後藤田官房長官が自ら内閣記者会で会見し交信録の公表に踏み切りました。この一件は、国際政治の舞台の攻防としては西側に凱歌があがったようにみえますが、日本の電波傍受のインテリジェンスが被った打撃は決定的でした。ソ連側は日本に聞かれていたことに気づいた瞬間に周波数帯を変えてしまったのですから。そのため、少なくとも五年は電波傍受に重大な支障が出てしまいました。

今回のマレーシア航空機事件も、ブラックボックスの解析は行われたものの、誰が撃ったかが明らかになったわけではありません。欧米諸国もロシアも、手札をすべて晒しているわけではない。熾烈なインテリジェンスの戦いが今なお続いています。

ロシア軍情報部の跋扈

手嶋　ロシアはウクライナに様々な形態で「介入」していると、国際社会から手厳しい批判を浴びています。そうしたロシアにあって、「現代のツァーリ」などと形容されるウラジミール・プーチン大統領は、果たしてどこまで自分の意向を行き渡らせているのか。このところを佐藤さんはどう読んでいますか。

佐藤　二〇一四年以降のウクライナの東部で起きている事態を見ていると、プーチン大統領は一種の「不作為責任」があると思います。ここで起きている出来事に「気づかない振りをする不作為」とでも言ったらいいでしょうか。かなり深刻な責任を負っている。同様に、オバマ大統領もＣＩＡのことをあまり理解していないと感じるんですね。時々起こるＣＩＡの暴走はどういう状況下で起きるのか。アメリカ大統領としてそうした暴走を止めるにはどんなリーダーシップが要るのか、それがあまり分かっていない。

手嶋　ＣＩＡが持っている固有の組織文化は、ＷＡＳＰ（英国系白人でプロテスタント）の系譜を引く東部エスタブリッシュメントのものでしたから、アイリッシュ系のケネディ大統領やケニア人を父に持つオバマ大統領にとっては、本質的に親和的ではないのでしょうね。こんな時、ＣＩＡの連中は「ボスとはケミストリーがよくない」という表現を使いますが、「どうも相性がよくない」といったニュアンスでしょうか。

佐藤　シリアのアサド政権が化学兵器を自国民に使った時にも、武力行使の機会を逃し、プーチン大統領に外交の主導権を奪われて、煮え湯を飲まされました。ＣＩＡの立場からすると、重要なインテリジェンスはきちんとあげていたのに、ロシア側にやりたい放題やられているという不満がある。だから、オバマ大統領の「無知」をいいことに、若干のデータの捏造くらいはやり得る状況にあると思うんです。これに対してロシアの場合は、プーチン大統領の「不作為責任」によって、現実に軍情報部であるＧＲＵがウクライナ東部でやりたいようにやっている。

手嶋　しかし、佐藤さんには言わずもがなですが、こと情報機関への対応で、オバマ大統領とプーチン大統領を同列に扱うことはできません。そんなことをすれば、かつてＫＧＢ（ソ連国家保安委員会）の有能なインテリジェンス・オフィサーとして五年間、旧東ドイツに在勤していたプーチン大統領の誇りをえらく傷つけることになります（笑）。プーチンという人は、やり手の政治家であり、同時にかつてＫＧＢに籍を置いてインテリジェンス機関には、ことの外精通しているはずです。

佐藤　確かにプーチンという人物は「知りすぎた男」です。ですから、誤解のないように申し上げると、彼がロシアのインテリジェンス組織を十分にグリップしていないとは言っていませんよ。国内の治安を担当する内務省、対外インテリジェンスを担当するＳＶＲ、それにカウンター・インテリジェンス（防諜）のＦＳＢ（連邦保安庁）はちゃんと押さえているんです。一方で、軍の情報部であるＧＲＵを完璧に統御しているかどうか、グリップがどれぐらい効いているか。ここが定かでないと指摘しているのです。むしろ

GRUはメドベージェフ首相のほうが分かっていると思います。

手嶋　プーチン大統領ほどの情報のプロフェッショナルが、GRUが暴走したら危ういと知りながら統御できずにいるのでしょうか。

佐藤　「こいつらを統制しなければ」、ということは彼も分かっています。「相当乱暴なことをしたらストップをかけないと」、とはね。ただその実態としては、「よく分からないけど、うまくやれ」という雰囲気なのでしょう。それほどに、GRUが何をやっているか、外からは見えないんです。加えて今回は、SVRとFSBの影がほとんど見えない。プーチン直轄のインテリジェンスの影もほとんど感じませんから。どうも、ウクライナ東部を実質的に軍人の手に委ねる形になっているような気がしてなりません。

手嶋　だから今回は政府のスポークスマンの役割も、国防省が担っているようですね。

佐藤　それはインテリジェンスの分野にも一種の「隙間」があることを示しています。インテリジェンスは主に、対外・対内・軍事の三つに分かれ、これは世界共通です。ロシアで言えば、海外を担当するのはSVR、国内はFSB。ところがロシアには「近隣外国」という概念があり、旧ソ連邦内がそれにあたる。そこに関しては、FSBが出張ってきているせいで、SVRと微妙に重複するんです。

手嶋　「インテリジェンスの隙間」で軍の情報部が存在感を高めているのですね。

佐藤　SVRはもともと旧ソ連邦内では活動していません。対外情報活動を担当していた旧KGBの第一総局を引き継いでいて、ここは域内のどこにもステーションがなかったので、経験も土地勘もなかった。現在は一応、ステーションもあり、機関員を配置しているのですが、やはり弱いんです。一方、FSBはソ連時代に国内の治安対策を担当していた旧KGB第二総局の後継なので、ステーションも人脈も強い。ちゃんと情報協力者も養っている。ソ連が崩壊してからかれこれ四半世紀になりますが、やっぱりかつてのテリトリーには〝根〟や〝草〟が生えているものなんです。こうした間隙をついて、もう一つのGRUが跋扈《ばっこ》する余地が出てくるわけです。

手嶋　当のウクライナは「国際政局の火薬庫」と呼ばれている割には、その素顔は驚くほど語られていません。冷戦終結後もウクライナはモスクワと緊密な関係を保っていましたから、この国のインテリジェンス機関も旧ソ連の情報機関と〝地下茎〟で繋がっていたはずですが、親欧米派に転じてから情報・治安機関はどうなったのでしょうか。西側の観測も錯綜していて、ちょっと覗き込んだくらいでは闇が深すぎてわかりません。

佐藤　事態を読み解くキーマンのひとりは、オレクサンドル・トゥルチノフという人物です。日本でいえば国会に当たる最高会議の議長を務めている政治家です。彼は二〇一四年二月からは大統領代行にも選出され、五月の大統領選挙には当然立候補すると思われていたのですが、結局出馬しませんでした。何か思惑を感じなくもありませんね。

手嶋　彼の経歴を見ると、親欧米派のユシチェンコ政権時代の二〇〇五年、半年だけ保安庁長官をやっている。保安庁こそウクライナのインテリジェンス機関の中枢です。

佐藤　ええ、要するにウクライナの秘密警察なのです。従来は旧KGB系のメンバーが主要なポストを占めていました。ところが、トゥルチノフ長官が彼らを全部追い出して、アメリカのCIAと連携を強化すべく、保安庁人事を刷新してしまいました。いわば彼は、現在のウクライナ・インテリジェンスの「中興の祖」。ですから彼はいまでもCIAやイギリスのSISとは関係がいい。こうしたネットワークを背景にしているだけにウクライナではキー・プレイヤーです。

手嶋　ということは、過去はともかく、いまのウクライナの秘密警察は、旧ソ連のKGBとは切れているとみていいんですね。

佐藤　ええ、それに対してモンゴルも含めて中央アジアの秘密警察はみな、今なお旧KGB人脈と繋がっている。完全に切れているのはウクライナとバルト三国だけでしょう。

米ロの間に立つメルケル

手嶋　一方、アメリカ政府は、今回のウクライナ情勢を分析するにあたって、ドイツのメルケル政権の動向を随分と気にしています。

佐藤　米独のインテリジェンス機関の関係が険しいものになっているからですよ。

手嶋　かつてドイツのシュレーダー社会民主党政権は、イラク戦争の開戦に頑強に抵抗し、アメリカのブッシュ政権を怒らせたのですが、当時でさえ両国の情報機関の関係はいまほど悪くはありませんでしたね。

佐藤　アメリカのＮＳＡ（国家安全保障局）がドイツのメルケル首相の携帯電話を盗聴していた──ロシアに亡命したエドワード・スノーデン氏が二〇一三年にこの事実を暴露したことで、ワシントンとベルリンの間柄は随分とギクシャクしました。それが何とか片付いたかと思いきや、今度はＣＩＡがドイツの公務員を買収し、国会議員の政治活動の機密を探り、ドイツ軍の戦略情報まで入手していたことが発覚しました。それでＣＩＡのベルリン支局長が国外追放になったのです。ここで注目すべきは、この件でアメリカ人が誰も逮捕されていないことです。ということは、外交特権で守られ、逮捕されない立場の者——つまり大使館員の身分を持つ人間が工作活動に携わっていたんです。しかも、七月一〇日にドイツ首相府がこの事実を発表しました。

手嶋　ドイツ、アメリカ、ロシアとそれぞれのインテリジェンス機関が軋轢を引き起こしてそれが表沙汰になる。これは従来の「ゲームのルール」に明らかに反する出来事です。インテリジェンスの世界では、静かに水面下で始末をつけてしまうはずです。

佐藤　これが表に出てしまうのは、冷戦期の構造がすっかり崩れているからなんですよ。冷戦というのは、東西両陣営が二つのブロックに分かれて、静かに対峙するものでした。だからこそ、「冷たい戦争」なんです。しかし、その冷戦は遥か遠景に去り、ヨーロッパにも新しい光景が出現しつつあります。

手嶋　冷戦期のヨーロッパは、東西両陣営が膨大な地上軍と核兵器の刃を互いに突きつけあっていました。そこには暗黙のルールがあり、両陣営ともにその掟に従って戦っていました。ジョン・ル・カレの『寒い国から帰ってきたスパイ』（ハヤカワ文庫）が畢生の名作なのは、そうした冷戦の素顔が行間から匂い立ってくるからですね。

佐藤　ところがいま、眼前で起きている事態は、剝き出しの「熱い戦争」なんですよ。

手嶋　今でも冷戦当時と同じように、「西側陣営」という表現が使われ、アメリカを盟主にイギリス、フランス、イスラエル、そしてドイツや日本がそこに含まれます。とはいえ、インテリジェンス・コミュニティとして「西側陣営」をくくると、それは正確さを欠きます。アメリカとイギリス連邦諸国は、電波・通信の共同傍受を通じて固い絆で結ばれています。対して、ドイツと日本は傍受の基地は提供していますが、その成果の分け前には与っていません。両者は截然《せつぜん》と分けておくべきでしょう。

佐藤　そうした実態を踏まえると、アメリカが同盟国ドイツとの関係を危険にさらし、非合法な手段を使ってまで知りたかったのは何だったのか。様々な情報の断片を集めていくと、ドイツとロシアの水面下の関係を探りたかったのではないかという推察に至ります。キヤノングローバル戦略研究所の研究主幹で、外務省時代はアラビストだった宮家邦彦氏が、ドイツやチェコを訪問中にこんなコラムを書いています。「米国の知らないところで、将来独露間にクリミア併合を黙認しウクライナを『緩衝国家』とする密約が結ばれる可能性はないだろうか。１９３９年8月末、平沼騏一郎内閣は『独ソ不可侵条約に依《よ》り、欧州の天地は複雑怪奇なる新情勢を生じた』と述べ総辞職した。同じことが再び起こらないともかぎらない」（二〇一四年四月一〇日付「産経新聞」Ｗｏｒｌｄ Ｗ ａｔｃｈ「欧州情勢は複雑怪奇？・」）。恐らく、これはヨーロッパのしかるべき筋が安倍官邸に近い宮家氏に伝えた〝内話〟だったと思います。アメリカがいまひどく警戒しているのは、ドイツとロシアの関係をはじめ、こうしたヨーロッパの不穏な動きなのです。

手嶋　敵の敵は味方――。この構図を各国のインテリジェンス機関にあてはめると、ロシアにとって、アメリカと対立しているドイツは味方、少なくとも潜在的に味方になる可能性を秘めているわけです。しかし、言うまでもありませんが、情報機関の間柄をそのまま国家同士の間柄に当てはめ、安易に類推するわけにはいきません。

二〇一四年七月、ＥＵ二十八カ国は「ロシアがウクライナの分離主義者の武装勢力を支援した」として経済制裁をさらに強化しました。これに対抗して、ロシアは翌八月に、これら制裁実施国からの農産物を禁輸にしたり制限したりする措置で応じました。

佐藤　プーチン大統領は、ドイツのメルケル政権がＥＵ側の制裁強化には難色を示すはずと読んでいた節がうかがえました。

手嶋　ところがメルケル首相はＥＵ加盟国との連携を優先する決断を下してしまった。確かにドイツは、国内で消費する天然ガスの三五％をロシアからの輸入に頼っています。しかもドイツ企業はロシアに様々なかたちでビジネスの出先を築き上げており、その投資額はなんと二百億ユーロ、三兆円に達しようとしています。一九九〇年代半ばにドイツに特派員として在勤していた私の実感からすれば、現実の独ロ関係は、こうした数字を超えて、切っても切れない絆で結ばれているように思います。

佐藤　戦間期にドイツの軍需工場をソ連が密かに引き受けた「ラパッロ条約」を挙げるまでもなく、ベルリン・モスクワの間柄は「デモーニッシュ（悪魔的）」としか表現しようのない一面を秘めていますからね。

手嶋　それだけに、ポーランドやバルト三国は、メルケル政権がロシアに宥和的な姿勢をとるのではという疑念を捨てていません。これまで、「統一ドイツの宰相」と謳われたコール首相は欧州の通貨統一にこそ存分に指導力を発揮したものの、安全保障・外交の分野では主導権を握ることにためらいがちでした。ドイツ連邦軍をＮＡＴＯの域外に初めて派遣したのも、湾岸戦争が終わった九〇年代半ばのこと。しかし、ウクライナ情勢は、こうしたドイツの背中を押して一歩前に踏み出させようとしています。メルケル首相は、ドイツが単にヨーロッパ経済の牽引役であるだけでなく、安全保障・外交のリーダー役を担わなければならないことを自覚しているのでしょう。

佐藤　ウクライナ情勢の先行きは、メルケル率いるドイツが鍵を握っていますね。

クレムリンからのシグナル

佐藤　二十一世紀の「熱い戦争」は、ウクライナを舞台に幕を開けたばかりで、問題の本質は依然として氷山のように水面下に隠れたままです。

手嶋　たしかに、われわれがいま目撃しているのは、ウクライナ紛争という氷山のほんの一角なのでしょう。とりわけ、ここ東アジアの地からでは、水面の下にどれほど巨大な氷の塊が隠れているのか、なかなか見えません。だとすれば、あのタイタニック号のように、日本という客船が氷山への接近に気づかないまま航海している危険があります。土地勘に乏しい日本の政治指導者に舵取りを任せておいて大丈夫かと心配になりますね。

佐藤　戦略的思考を研ぎ澄ましてもらわなければなりませんね。

手嶋　ウクライナ問題では、アメリカやEU諸国の対ロ制裁の様子を見極めて、二周半遅れて制裁カードを切っているのが実状です。

佐藤　ロシアへの制裁でも、アメリカが主導権をとって人的往来の制限や金融規制を打ち出し、次いでEU諸国、これに日本が続くという構図になっています。

手嶋　対ロ関係を決定的に壊したくないのでしょう。安倍総理は北方領土問題を少しでも前進させようと、当初はプーチン大統領を二〇一四年中には日本に招きたいとも考えていました。

佐藤　そうならば、初動の段階で安倍政権が打った布石は悪くありませんよ。欧米諸国が厳しい対ロ制裁に動くなか、二〇一四年六月二日に、ロシアの要人を日本に招き入れています。日本の国会にあたる国家院のナルイシキン議長です。この人は、アメリカやEU諸国が渡航禁止の対象にしている人物でしたが、東京都内で開催される「ロシア文化フェスティバル」のために招いたのです。ロシア政府はむろんこうしたもてなしを歓迎しましたが、アメリカ政府は〝いまこそ西側諸国が一枚岩になるべき時なのに〟という苛立ちを隠しませんでした。

手嶋　オバマ政権が苛立つほど、プーチン政権の安倍評は高くなるのですね。

佐藤　プーチン大統領は、二〇一四年八月六日、ロシアに制裁を発動した国々に対抗措置をとり、「大統領令第五六〇号」に署名しました。これらの国からの食料品輸入を今後一年間禁止するという内容です。制裁対象国に挙げられたのは、アメリカ、EU、カナダ、オーストラリア、ノルウェーですが、日本は除かれていました。日本が制裁を決めたのは実害を与えようとしたのではなく、アメリカから言われて渋々付き合ったのだろう――プーチン大統領がそうやって実に好意的に捉えていることが見て取れます。

手嶋　最初に対抗措置が会見で発表された時には、日本も制裁対象になっていると明言したのに、夕方に正式に公表された制裁対象国のリストには、なんと日本の名前はなかった。こうしたケースはきわめて異例です。こう考えると、少なくともロシア側は対日関係が悪くなることを望んでいなかったことになりますね。

佐藤　クレムリンから発信されている一連のシグナルは、そう読んでいいと思います。

手嶋　そう言えば、僕らが原稿を書くときには、ごく普通に「ロシアが併合したクリミア半島――」と表記していますが、八月以降の外務省ホームページでは、「クリミアの『併合』」とカッコつきの表記になっていたり、併合という言葉をストレートに使いたくないという意向が見受けられます。

佐藤　クリミア半島での出来事を、国際法に反する併合というより〝いわゆる「併合」〟だと日本政府は認識していますよ――そういう歩み寄りであることは明らかです。

手嶋　これは日本外交がこれまでもやってきた、一種の「二枚舌外交」ですよね。七月以前に発表されたG7首脳表明や、ロシアへの制裁を発表した外務大臣談話などでは、カギ括弧なしで「クリミア併合」と表現していたんですから。

佐藤　他国の領土を非合法に自国領に組み入れることを一般には「併合」といいます。ロシア側はこの表現に強く反発していましたから、日本としてはクレムリンに好意的なシグナルを送ったわけですよ。

手嶋　ただ、日本のメディアはこんな面白い符牒に気付いてくれないのですから、外交のゲームがそもそも成立しません。それはおいても、プーチン大統領の方からは日本訪問を自分からはキャンセルしないというシグナルを送ってきています。

佐藤　おっしゃる通り、プーチンは年内訪日の意思を持っていました。しかし、日ロ双方の外務省が、それぞれ別の思惑からやる気になっていない。ロシア側は領土問題で妥協したくないし、日本側はプーチン訪日によってアメリカを刺激することを恐れている。そこで、とりあえず国際会議の場で日ロ首脳会談を行った。しかも、一〇月一七日のミラノのＡＳＥＭ（アジア欧州会議）、一一月九日の北京のＡＰＥＣ（アジア太平洋経済協力会議）と、一カ月以内に二度も会談が実現した。これで二〇一五年の早い時期にプーチンの公式訪日につなげることを安倍首相は考えているのだと思います。

第二章　近代国家を破壊する「イスラム国」

複雑怪奇な中東方程式

手嶋　「冷戦後の日本の安全保障論議にもっとも大きなインパクトを与えた国を一つだけ挙げよ」と言われたら、僕は迷うことなく「イラク」と即答します。日本列島から遥かに隔たったイラクに端を発する「二度の戦争」こそ、経済大国ニッポンに安全保障・外交の舵を決定的に切らせるきっかけになったからです。一九九〇年の「湾岸危機」、翌一九九一年の「湾岸戦争」では、日本は為す術を知らず、その苦い教訓から国連の平和維持活動に自衛隊を参加させる法的な備えをようやく整えました。そして二〇〇三年の「イラク戦争」に際しては、多国籍軍を後方支援するため、非戦闘地域ではありましたが、自衛隊を派遣しました。そしていまイラク情勢が混迷を深めるなか、集団的自衛権を行使して同盟国たるアメリカと行動を共にする事態もありうるかもしれません。

佐藤　確かに手嶋さんのおっしゃる通り、イラクという国は「日本の安全保障のありようを映す鏡」と言えると思います。いまのイラク情勢からは、一瞬も目が離せません。

ただ不思議なことに、イラクは国際政局を不安定化させている重要なファクターですが、ロシアの新聞にはイラクをはじめとする中東情報があまり出てないんですよ。その一方で、ウクライナに関する報道は、ロシア国内の内部固めの意味もあって、じつに詳しい情報が満載されている。しかし現実には、中東情勢とウクライナ情勢は分かちがたく結びついています。両者のリンケージ（連環）は、日本で考えられているより遥かに大きいわけです。仮にアメリカとロシアがいよいよウクライナの権益を賭けて激突すれば、その確執はやがて中東地域を舞台にした米ロの代理戦争に発展する可能性がありま す。

たとえばシリア。この国が化学兵器を使用したとして、アメリカは二〇一三年に軍事行動を起こす寸前でしたが、それを食い止めたのは、シリアの現政権バッシャール・アサドの後ろ盾であるロシアです。こうした関係性を考えれば、アサド政権はロシアから、反アサド勢力はアメリカから支援を受け、両者が衝突する可能性は十分にある。そして

「イスラム国」などのイスラム過激派組織が決定的なキャスティング・ボートを握って、ますます勢力を広げるという図式です。

手嶋　日本にとっても、それは簡単に解けそうもない方程式ですね。たとえばイギリスなら、中東地域はかつて大英帝国の植民地であり、政治家や経済人もかなりの土地勘を持っており、王立国際問題研究所で中東情勢について質の高い情報に接しています。これに対して、日本の政財界のリーダーはそうした環境にほど遠く、現地の込み入った地政学も踏まえつつ、中東情勢に立ち向かうのは難儀ですね。でも、原発の大半が停止している日本は、原油の八〇％以上を中東からの輸入に頼っている。いま日本を取り巻く情勢は、あの石油ショックの時と同じ、中東の石油に深く依存する危うい構図なのです。それだけに、中東問題から目をそらすわけにはいきません。

佐藤　たしかに経済大国ニッポンは、じつに脆い地盤のうえに立っているのですが、危機の到来を思い描くというのは、存外に想像力とエネルギーを必要とするものなのですね。日本の経営者は、東日本大震災などが起きると、よくＢＣＰ（事業継続計画）の必要性を口にしますね。でも、実際は単なるマニュアル作りに終わっているところも多いのが実態です。ですから、いまのイラク情勢が、極東に位置する日本列島にどんな影響をもたらすかを想像するのはじつに難しい。でも、想像できないからこそ、ネガティブなインパクトが何層倍にもなって跳ね返ってくるものなんです。

司令塔なき「イスラム国」

手嶋　ここでイラクの現状を整理しましょう。二〇一一年末、オバマ大統領はかねてからの公約に従って、戦闘部隊をイラクの地から撤退させました。ただ、これを待っていたかのように、シーア派に偏したマリキ政権（当時）に抗うスンニ派の不満が表面化し、「ISIS（イラク・シリア・イスラム国）」というイスラム原理主義の軍事組織が次第に増殖していきました。二〇一四年八月には、国内の混乱を引き起こしたマリキ首相をようやく退陣させ、前政権に冷遇されたスンニ派やクルド人も参加する挙国一致の政権を樹立しましたが、「イスラム国」の攻勢を決定的に殺ぐことはできずにいます。

いまのイラクは、現政権の支配する東部地域、北部のクルド人自治区、スンニ派が優勢な西部地域の三つに分断された形です。クルド人は北部のクルディスタン地域に独自の「国境線」を引いて自前の部隊で警備を固めています。これに加えて、「イスラム国」

が、シリアとの国境をまたいだイラク第二の都市モスルにいたる一帯をアメーバ状に支配している。イランと国境を接する東部地域は、イラク国民の半数以上を占めるシーア派を基盤にした「挙国一致内閣」が何とか治めているのが現状です。

佐藤　まさしく「天下三分の計」といった様相を呈していますね。

手嶋　いま国際社会が抱える最大の波乱要素は「イスラム国」の出現です。兵士のなかには、かつてアルカイダに属していた者もいるのですが、いまではアルカイダ系の組織とも袂を分かち、ますます過激な路線をひた走っています。中東各地の不満分子や外国からやってきた戦士を糾合し、残忍なテロや武力攻撃を繰り返しながら肥大化しつつある。

彼らはシリアからイラクにかけての都市や石油基地、それにダムなど戦略上の要衝を次々と攻略しています。第二の都市モスルに侵攻した際には中央銀行の支店を襲撃して、四億ドル、日本円にして四百億円以上を強奪しています。そして二〇一四年六月には、イラクとシリアにまたがる地域に、〝神の国〟たる「イスラム国」の樹立を一方的に宣言しました。

佐藤　第二次世界大戦の終結を受けてイスラエルという国家が出現し、そのイスラエルのガザ地区とヨルダン川西岸にパレスチナ自治政府という名の準国家が新たに誕生した──それは現代史の年表にもっとも大きな活字で刻まれる一大事件の一つです。新しい国家がゼロから生まれることはそれほどに難しく、稀なことなのです。しかし今、正体すら定かでない勢力が、既存の国家が存在する一帯に自らの〝国家〟の樹立を宣言している。この異常事態とわれわれは向き合っているんです。

手嶋　少し前まで名前もきいたことがない「イスラム国」が、なぜこれほど急速に勢力を拡大したのか。その裏には、「イスラム国」を利用しようとする勢力があり、彼らに資金と武器と兵士を送り込んでいる存在があるとみるべきです。サウジアラビアは、マリキ前政権と、それに続く〝挙国一致〟を掲げる現政権を快く思っていない。このサウジアラビアと、さらにカタールの一部勢力からも援助の手が差し伸べられているとみていいでしょう。

佐藤　いずれにせよ「イスラム国」は内情が複雑で、堅く一枚岩で結束している組織ではありません。すでに内部で分裂が始まっているという情報もあります。それが状況を一層混沌とさせていますね。まず、「イスラム国」という組織の特殊性から説明しておきましょう。アメリカの教会システムに置き換えて考えると分かりやすいかもしれません。アメリカの教会組織には、そもそも三つの形があるんですよ。

一つは監督制。カトリックがこれにあたります。監督者、カトリックでいえば司教がいて、その命令には皆が従う必要がある。だから、命令系統のラインがぴしっとできるわけです。企業なんかは、基本的にこの形です。二つ目が長老制。これは、各教会から代表を選び、代表から成る「小会」を作り、その小会の代表が「中会」を作り、さらに選挙をして「大会」を作る。議会型の、民主政治の組織形態です。三つ目は、会衆制度。「コングリゲーショナル・チャーチ（会衆派教会、組合教会）」はプロテスタントの教派の一つで、それぞれの教会が自治的な運営を行っています。全てを自分たちで決定することができ、上位の組織というものはない。例えば同志社やアマースト大学などは、この系統に属しています。それでは「イスラム国」はどういった組織かというと、この会衆派的な組織ネットワークなんですよ。

手嶋　そうなると、細かく分かれた小グループが自分たちのことは自分たちで決めていて、それらの集合体、文字通りの会衆が全体の組織となっている。さきほど「内部分裂」という話がありましたが、そもそも細胞の集合体なのですから、ある意味では「内部分裂」は常の形態ということになりますね。

佐藤　そうです。ですから上位の機関はいきなりアラーの神様になっちゃうんです。

手嶋　「イスラム国」はカリフ、つまり「預言者の代理人」が治める統治形態だともいわれています。バグダーディと名乗る宗教指導者にして軍事統率者が、カリフとして「イスラム国」を治めているともいわれていますが、情報が少なく定かではありません。

佐藤　カリフというのはイスラム共同体や国家の指導者を務める人間のことですから、その「カリフ帝国」が地上に現れないとカリフたりえません。アルカイダの場合は、将来のカリフとしてのオサマ・ビン・ラディンという人間がいました。しかし、「イスラム国」は、そもそも中心がいない組織ですから、可視化されたカリフとなり得る人物が現れるのか、まだわかりませんね。こういった組織は、全体が小さいときには、互いがあまり関心を持つこともなく、アラーの意に沿って自由にやっていく。ところが、だんだん組織が肥大化していくと、どうしてもヘゲモニー争いが起きることになります。バグダーディはカリフを自称していますが、「イスラム国」の会員が彼を認めているわけではない。また、バグダーディの命令に「イスラム国」の構成員が従っているわけでもない。そうなると、グループ間の調整をつけるのは、なかなか難儀なことになってくるんです。

手嶋　なるほど。カトリック教会のような上意下達の命令系統もなければ、長老派教会のような民主主義の仕組みもないわけですからね。

佐藤　ただし、分裂が高じて互いにいがみ合うようになるのか、あるいはそうした過程の中で切磋琢磨して、鍛え上げられたリーダーが出てくるのか、これはどちらになるのか現時点では不明です。日本だって、大昔は部族社会でしたが、長い内乱を経て「征夷大将軍」が生まれましたから。付言しておけば、「イスラム国」の会衆型的なネットワークと、アラブの部族的なつながりというのは、非常に相性がいいんです。これが合算された時、どういう像が立ち現われてくるか。これも注視しておく必要がありそうです。

手嶋　アメリカのヘーゲル国防長官は、二〇一四年八月二一日の記者会見で、「イスラム国」を「差し迫った脅威だ」と断じ、「これまでわれわれが見てきたどの組織よりも洗練され、資金も豊富で、単なるテロ組織を超えてしまっている」とまで述べています。アルカイダより危険な組織と決めつけています。

　確かに、単なるテロ組織なら武器や資金の調達は容易ではありませんが、「イスラム国」の場合は、近隣の国々から様々なかたちで武器や資金を受け取っています。武器をはじめとする軍需物資は、国民の大半がスンニ派であるトルコからの越境ルートが使われ、それをトルコ政府も黙認していたのでしょう。資金は同じくスンニ派のサウジアラビアやカタールなどから、モスクでの寄進の形などをとって流れ込んでいるとみられます。

こうした豊富な資金力と軍需物資の補給ルートを通じて、イラク政府軍に匹敵するような重火器や戦闘車両を確保して、装備を充実しつつあります。そして、インターネットを介して全世界からジハード（聖戦）の戦士を募り、その数はいまや三万人を超えると言われています。イギリス、ベルギー、オーストラリアなど世界各地から青年たちが多数この軍隊に身を投じているようです。

佐藤　日本からも大学生が「イスラム国」に加わる目的でシリアへの渡航を計画し、警察が刑法の「私戦予備・陰謀容疑」で事情聴取と家宅捜索を行いました。「イスラム国」の問題に日本も無縁でないことを示す出来事でした。

手嶋　また、全世界に衝撃を与えたのは、「イスラム国」がインターネット上に公開した捕虜殺害の映像でしたよね。アメリカ人ジャーナリスト、ジェームズ・フォーリーさんが覆面をした実行犯に刃物のような凶器で殺害される模様が映っていたのです。この実行犯はロンドン訛りの英語を話していたことなどから英国人とみられます。

佐藤　これまでのイスラム過激派のテロ組織は、国際世論を敵に回してしまうため、こうした形での公開処刑はあまりしなかった。「イスラム国」はそれだけ特異で、従来の基準で評価することが難しい組織と見ていいですね。

アメリカ・イランの密やかな接近

佐藤　「イスラム国」の攻勢にさらされたシーア派中心のイラクの現政権は、本来ならサダム・フセイン政権を倒してもらったアメリカにすがるところですが、実際は隣の大国イランに擦り寄った。同じシーア派の絆で結ばれているという意識があるからでしょう。

手嶋　このままではイラクの首都バグダッドも陥落しかねないと、危機感を募らせたからです。アメリカにしても、何のためにイラク戦争でバグダッドに侵攻し、多くの若い兵士を犠牲にしたのか。アメリカ国内の保守派を中心にこうした声があがることは必至です。とはいえ、アメリカ軍はすでに二〇一一年の暮れにイラクから実戦部隊をすべて引き上げてしまった。「イスラム国」の拠点を空爆しようにも、攻撃目標を選定する確かなインテリジェンスはもはや持ち合わせていません。そのためオバマ大統領は、とりあえずアメリカ軍三百人から成る軍事顧問団を現地に派遣しました。これは大半が情報収集のための特殊部隊、つまりインテリジェンスの部隊です。

佐藤　じつに中途半端な決断ですね。アメリカに限らず、政治指導者のもとには政治決断の選択肢が下からあがってきます。この場合きっと次のようなものだったのでしょうね。「①『イスラム国』部隊に空爆を敢行する　②非戦闘部隊の軍事顧問団を派遣する　③一切の軍事的関与を見送る」。凡庸な指導者は必ずといっていいほど②を選ぶんですね。もっとも、その後、「イスラム国」の支配地域が拡大したため、九月二三日にシリア国内で空爆を開始した。オバマはぶれています。

手嶋　政治指導者が避けなければいけない最たるもの、それが「戦力の逐次投入」です。状況を見ながら、軍事力を小出しにしていく。ベトナム戦争の泥沼も、最初は軍事顧問団の逐次投入から始まったのです。地上の戦闘はイラクの現政権に委ねて、三百人の顧問団は彼らを督励し、空爆に備えて攻撃目標の情報を集める。そう考えたのでしょうが、現実の戦争はそう都合よく運びません。いまやその人数は三千人に膨んでいます。

佐藤　そうした中途半端なオバマの関与が、反米的なテロ集団である「イスラム国」のイラク浸透を助ける結果になったんです。「イスラム国」を無力化するためには、米軍が地上戦に踏み切る必要があります。しかし、オバマ大統領にその腹はない。このまま事態が悪化すれば、いよいよオバマは、〝毒饅頭〟に手を伸ばさざるをえませんよ。つまり、〝仇敵〟イランとの連携に動かざるをえないんです。一九七九年にテヘランで起きた「アメリカ大使館人質事件」をきっかけに、アメリカとイランは国交を断絶したままになっていますが、「イスラム国」を封じ込め、イラクの現政権を守るためには、イランと関係を改善しなければならなくなっている。

手嶋　アメリカからすれば、「イスラム国」と対決しているイランは、まさしく敵の敵となり、この限りでは味方になりうるわけですね。

佐藤　イランの国教はシーア派の「十二イマーム派」。つまりスンニ派組織である「イスラム国」とは対立関係にあるわけです。しかし一方で、イランはイスラエルを〝最大の敵〟とみなしており、イスラエルの後ろ盾であるアメリカにとっては、何とも複雑な関係になってくるわけです。

それでも、こうした構図を知り抜いたうえで、イランは「われわれも力を貸してもいい」とアメリカに持ちかけた。イランのロウハニ大統領が記者会見で「イラクから要請があれば、『イスラム国』の掃討作戦の支援を行う」「アメリカが行動を取るなら、連携を考えてもいい」と述べたのです。

手嶋　オバマ大統領にとっては、まさしく〝甘い誘惑〟ですね。イラン側が記者会見でこう持ちかけたまさにその日、オバマ大統領は、航空母艦ジョージ・H・W・ブッシュを中核にミサイル巡洋艦やミサイル駆逐艦などから成る空母機動部隊をペルシャ湾に派遣し、イラク情勢に対応できる態勢を遅ればせながらとったのでした。二〇一四年六月一四日のことです。

佐藤　欧米のメディアは、これも「オバマのポーズ」に過ぎないと冷やかでしたが、僕は「オバマは宗旨替えをしたのではなく追い詰められている」と読みました。空爆の可能性はあるとも早くからコメントしました。この時点では少数意見でしたが。

手嶋　イスラエルにいた「佐藤ラスプーチン」をして、そう予測させたんでしょうね。その後の事態はその通りになりました。情報源については触れませんが、佐藤さんの五月のイスラエル訪問は、大きな実りをもたらしましたね。実際に、アメリカはしばらく様子を窺っていましたが、八月八日、ペルシャ湾の航空母艦ジョージ・H・W・ブッシュから艦載機を発進させました。同時に無人爆撃機も投入して、クルド人自治区にある戦略上の要衝アルビル、さらにモスル周辺の「イスラム国」の武装グループを爆撃しました。空爆を始めてちょうど十日目、オバマ大統領は休暇先からホワイトハウスに戻って記者団の前に姿をあらわし、イラク第二の都市モスルにあるイラク最大のダムを「イスラム国」の武装勢力から奪回した、と誇らしげに述べました。さらにイラク北部の都市アルビルでも武装勢力の侵攻を食い止めて、イラクの治安部隊が撃退したと胸を張った。しかし、これは一時的な戦果にすぎませんでした。地上部隊を投入しない作戦がどこまで有効なのか、楽観は許しません。

〝伝家の宝刀〟抜けないオバマ

手嶋　すべてはあの瞬間から――。アメリカの外交と安全保障をずっと見続けてきた者からいえば、二〇一二年夏の「オバマ発言」こそ、中東そして国際政局の決定的なターニング・ポイントになったという感があります。

「シリアのアサド政権が自国民に対して化学兵器を使う可能性が濃くなっている」とする警告が、インテリジェンス機関からホワイトハウスに届けられました。こうした極秘情報はストレートにメディアに漏れることはないにしても、そこは情報都市ワシントンのことですから、街に漂う空気が微妙に変わっていきます。勘のいいジャーナリストなら、大統領補佐官のちょっとした表情の変化にも異変を嗅ぎつけるものです。

二〇一二年八月二〇日、ホワイトハウスでの記者会見で、記者から「アサド政権が化学兵器を使っていることが明らかになった時にはどうしますか」という質問が出ました。これに対してオバマ大統領は、「シリアのアサド大統領はすでに正統性を失っており、辞任すべきだと思う。だが、いまはシリアへの軍事的関与は命じていない」とかわしました。決定的な言葉を口にしたのはこの後でした。「大量の生物・化学兵器を使ったことが確認されれば、越えてはならない一線を越えたことになる。アメリカ政府はアサド政権に誤解の余地なく次のように伝えてきた。そのような事態になれば従来の方針を変えざるをえない」。大統領自ら、シリアが越えてはならない「レッドライン」を設定し、軍事力を行使する基準を示したのです。ホワイトハウスの記者たちが「アサド政権が生物・化学兵器を使えば軍事介入に踏み切るということですね」と畳みかけました。オバマ大統領は「シリアが化学兵器を使用したと確認すれば、重大な結果を招くことになる。そうシリア側には明確に伝えてある。そのような兵器を使えば従来の方針をはっきりと変えることになる」と軍事介入の意思を重ねて明らかにしたのでした。

佐藤　ところがその後、シリアのアサド政権は、「オバマの警告」を無視したことが明らかになります。アメリカ政府は二〇一三年に「少なくとも一四二九人のシリア国民が化学兵器で死亡した」とする報告書を公表しました。化学兵器の使用は、国連憲章第七章をはじめ、あらゆる国際法規に違反したことになります。それをやってしまえば、国家としての主要な要件、つまり国土、国民が存在し、国際法を順守するという条件を満たさないことになるんです。

手嶋　ところが明らかにシリアのアサド政権が「レッドライン」を越えたにもかかわらず、オバマ大統領は〝伝家の宝刀〟に手をかけようとしませんでした。

佐藤　アメリカは〝世界の警察官〟を自任し、有言実行の国と思われていますからね。相手が「レッドライン」を越えたときには、必ずやる、そういう国のはずです。

手嶋　ロナルド・レーガン大統領なら間違いなく、しかも淡々と空爆を命じたでしょう。ジョージ・W・ブッシュ大統領もそうしたはず。アメリカが国家の威信を賭けて警告した「レッドライン」をシリア側はあっさりと無視したのですから。しかし、オバマ大統領は〝伝家の宝刀〟を抜けなかった。それどころか刀に手をかける素振りすら見せなかった。この「オバマの不決断」が中東に出口のない混迷をつくりだしてしまったのです。

佐藤　オバマの躊躇をじっと見据えていたのが〝ロシアの半沢直樹〟でした。プーチン大統領は、同盟関係にあるアサド大統領を説得して、化学兵器を国際機関に申告させることを約束させました。こうすれば、アメリカがシリアを攻撃する大義名分はなくなってしまう。外交の主導権を久々に超大国アメリカから奪って「倍返し」をしたわけです。

ロシアは翌二〇一四年二月にソチ・オリンピックを控えていました。シリアがさらなる戦乱に巻き込まれ、それによって中東に住むチェチェン人と北コーカサスのチェチェン人のイスラム原理主義者が連動するようなことがあれば、ロシアの国内情勢が一挙に不安定化してしまいます。ここはどうしても、アメリカのシリア攻撃を食い止めたかったんですよ。

手嶋　「力」の本質は存外に単純です。どの国の暴力集団でも、親分は「いざっていうときにはやる」という構えを見せて、組織に睨みを利かせています。ところが敵対している組織が一線を越えたのにドスに手をかけられない。これでは、手下にも弱さを見透かされて、支配力は一挙に崩れてしまいます。国家の安全保障も結局のところ、究極的には「力の行使」によって担保されているのです。

佐藤　ところが日本のメディアは、こうした「力の行使」に向き合おうとしないですね。

手嶋　ええ、国家が軍事力を行使することなどあってはならない——戦後の日本社会は、そう願ってきたからでしょう。しかし言うまでもなく、戦後も国際社会では数限りない戦いが繰り広げられてきました。戦争なき世界を願うあまり、戦争に血塗られてきた現実から目を逸らしてしまえば、苛烈な国際政治の核心が見えなくなってしまいます。

佐藤　そうした日本の視点からすれば、オバマ政権がシリア空爆を回避してよかったということになってしまいますね。

手嶋　武力介入を見送ってしまったことが、その後の国際情勢にいかなる影響をもたらすのか。それを突き詰めて考える姿勢を、戦後の日本はどこかで喪ってしまったのだと思います。アメリカの「力の不行使」は「超大国の終わり」の始まりです。そしてアメリカが日本の同盟国である以上、中東情勢を混迷に陥れるだけでなく、東アジアの安全保障にも影を落とすことになる。そうした視点を欠いています。

佐藤　これは、「意図した孤立主義」じゃない。「結果としての孤立主義」ですね。それを抜かりなく見透かしていたのが〝ロシアの半沢直樹〟なんです。二〇一四年七月中旬、プーチン大統領はキューバ、ニカラグア、アルゼンチン、ブラジルの中南米四カ国を歴訪しました。ブラジルではＢＲＩＣＳ首脳会議に出席して習近平主席と首脳会談を行い、サッカーのワールドカップの決勝戦も観戦しました。ウクライナ問題では六月のＧ８（先進八カ国）サミットから排除されましたが、この訪問では国際的孤立感をすっかり払拭し、新興国やＧ20を重視する姿勢を大いにアピールしたのです。こんな刺激的な外交をウクライナで揉めている時期にアメリカの裏庭でやられたんですから、〝超大国〟も随分と舐められたものですね。

取引材料は「イランの核」

手嶋　シリア情勢に臨んで「オバマの変節」に怒りをたぎらせたのは、中東の政治地図では異質の地平に立つ二つの国でした。ひとつは、世界最大の産油国・サウジアラビア。もうひとつは、アメリカの最重要の同盟国・イスラエルです。アメリカとサウジの関係を語るときに、あるキー・パーソンを外すわけにはいきません。プリンス・バンダルです。サウジアラビアのサウード王家の王子の一人で、ワシントンのＳＡＩＳ（ジョンズ・ホプキンス大学高等国際問題研究大学院）で修士号を取得した後、サウジ空軍に入ってパイロットとなった経歴の持ち主です。航空機事故で空軍を去った後、外交の世界に入り、一九八三年から二〇〇五年まで実に二十二年の長きにわたってサウジの駐米大使を務めていました。

佐藤　手嶋さんのワシントン特派員時代とかなりダブっていますね。『一九九一年 日本の敗北』（新潮社。新潮文庫化にあたって『外交敗戦—130億ドルは砂に消えた』と改題）でもバンダル王子の動向に多くのページを割いていますね。

手嶋　ええ、二度のワシントン勤務と重なっています。僕が赴任した時には、すでにワシントンの外交界の大立者でした。なんといっても、湾岸危機と湾岸戦争では、この人の一挙一動から目を離せませんでした。

佐藤　一九九〇年、サダム・フセイン率いるイラク軍はクウェートを侵攻しましたが、最大の産油国サウジアラビアこそ〝摑み取りたい獲物〟だったんでしょう。サダムの真の狙いに誰よりも気づいていたのは、当のサウジ王家だったはずです。

手嶋　サウジを守るには多国籍軍をサウジに進駐させなければ——当時のブッシュ大統領はそう考えていました。しかしクウェートの周辺国には多国籍軍を進めたものの、サウジは難物でした。聖地メッカを抱えているのですから、アメリカ軍を易々と迎え入れるわけにはいかなかったのです。

佐藤　イスラム教の聖なる大地を異教徒の軍隊に辱められるわけにはいかない。この感覚はイスラム教徒でなければなかなか理解できないでしょうね。

手嶋　ブッシュ大統領の頼りは、プリンス・バンダルでした。この駐米大使を介した説得工作が何とか実を結び、サウード王家も多国籍軍のサウジ駐留を渋々認めたのです。その結果、アメリカ軍の女性兵士たちがスカーフも被らず、聖地を抱くこの国を闊歩する姿が報道されました。僕もブッシュ大統領に同行してサウジの最前線に行ったのですが、そんな女性兵士に向ける現地の人々の険しいまなざしはいまも忘れません。アメリカに対する怨嗟の感情が、のちの九・一一同時多発テロ事件の伏線になっていきました。

佐藤　プリンス・バンダルは、その後、サウジの総合情報庁長官に転じたのですね。この組織はサウジ・インテリジェンスの心臓部にあたる機関です。でもこともあろうに、こんな要人をオバマ政権は怒らせてしまったんですね。

手嶋　そう、〝アメリカの永遠の友人〟といっていいこの人を喪ったのです。バンダル王子は「ウォール・ストリート・ジャーナル」のインタビューに応じて、アサド政権に対して武力行使を見送ったオバマ批判を烈しい調子で繰り広げました。この新聞の政治エディトリアルはネオコン（新保守主義）系なのですが、オバマ大統領への厳しい批判はワシントンに大きな衝撃を与えた。それでも、感度の悪いオバマ政権には不十分だとみたのか、二〇一三年秋にアメリカの勧めもあって国連の安全保障理事会の非常任理事国に就任することになっていたのですが、あろうことか、その椅子を蹴ってみせたのです。アメリカとサウジの間柄は、こうしてここまで冷え切ってしまった。

佐藤　オバマ政権が、シリアで化学兵器使用問題で躓き、イラクで「イスラム国」武装勢力の攻勢に手こずり、さらにイランに助けを求めればどんなことになるのか。これはもうあきらかですよ。イランはもちろんアメリカに手を差し伸べるでしょう。すでにロウハニ大統領は、様々なルートを通じて、歩み寄りのシグナルをワシントンに送っていたんですから。ただ、イランという国は、タダでアメリカに協力してくれるような〝甘ちゃん〟ではありませんよ。

手嶋　当然、取引材料は「イランの核」ということになります。イランの核開発にとって、最大の障害はアメリカの存在でした。二〇%を超えるウラン濃縮は断じて認めないという従来の姿勢を、アメリカは緩めてくれるはず。そうやって、イランの核保有を黙認する方向に流れをつくろうと、イランは対米協力の布石を打ち始めています。

佐藤　しかし、「イランの核」はサウジにとって最大の脅威となるんですから、オバマ政権の振舞いにサウジがふたたび激怒するのも当然ですよ。

手嶋　ＮＰＴ（核拡散防止条約）の締約国会議が二〇一五年に開かれますが、この重要な会議にも「イランの核」は影を落としています。世界は更なる核拡散の危険にさらされている。オバマ政権のその場凌ぎの対応で核拡散の引き金を引かせてはなりません。

佐藤　イランが核を保有する事態になれば、これはインテリジェンス業界では誰もが存在を疑わない「パキスタン・サウジアラビア秘密協定」がいよいよ発動されることになるでしょうね。つまり「イランに核兵器があるということが確認されたならば、可及的速やかにパキスタンにある核弾頭のいくつかをサウジアラビアの領域内に移転する」という、パキスタンとサウジの極秘の取り決めが作動する仕掛けです。そうなれば、サウジだけではなく、アラブ首長国連邦も、カタールも、「自衛」のために核を買うでしょう。中東での核の拡散を、誰も止めることができなくなります。

手嶋　イスラエルも黙っていない。隠し持っている核の存在を顕在化させるでしょう。

佐藤　イランの核の脅威をまともに受けるのはイスラエルも同じです。イスラエルのような怜悧な情勢判断ができる情報大国は、イランは遅かれ早かれ核を持つと踏んでいますよ。ただ、そのXデーを少しでも先に延ばしたいと考えている。ところが、オバマ政権の振舞いは、逆にXデーを早めてしまうことになる。イスラエルは、シリアに報復できなかったオバマ大統領が、今度はイスラエル国家の安全を根底から揺さぶっていると怒りを募らせていますよ。

手嶋　「イランの核」が引き金になって、中東の危機が一段と高いフェーズに進んでしまう可能性がありそうです。アメリカとイランの密やかなやりとりは、中東だけにとどまらず、東アジアにも大きな影響を及ぼすことになります。「モスクワ・北京・テヘラン枢軸」がますます現実味を帯びて、日本の行く手に立ちふさがっていくことになりかねません。

中東の柔らかい脇腹「ヨルダン王家」

佐藤　いまの中東情勢を精緻に読み解こうとすれば、意外に鍵になるのはヨルダンではないか。二〇一四年五月末にイスラエルに出張し、向こうの専門家たちとの意見交換によって僕が得た印象です。

手嶋　いきなりの〝剛速球〟だなあ。たしかに佐藤さんの訪問直後に、ガザ地区に拠点をもつイスラム原理主義組織ハマスがイスラエルにこれまでにない攻勢に打って出ましたね。日本のメディアは、個々のニュースは割に細かくフォローしているのですが、相互の関わり、とりわけ水面下でどう繋がり、関連しているかは、ほとんど報じません。ちょっと、ペースを落として、まず何が起きたのかを簡潔に振り返っておきましょう。

二〇一四年六月にイスラエル人の少年らが誘拐され殺害される事件が起きます。イスラエル側は「ハマスの犯行だ」と断じて報復に打って出、ハマス側がこれに反発して軍事衝突が繰り返されました。七月に入り、ハマスがイスラエルにロケット弾攻撃をしかけると、イスラエル軍はガザ地区へ空爆を敢行し、子供や女性を含む一般市民が多数犠牲になりました。

佐藤　イスラム原理主義組織ハマスは、軍事強国イスラエルにあんな喧嘩を吹っかけたら、たちまち千人のオーダーで自分たち側の人間が殺されることは分かっていたわけですよ。でも、敢えて報復をした。それによって何を成そうとしているのか、それが問題です。そう考えていくと、隣国のヨルダン国内で反国王の空気を醸成するのが狙いではないか。僕はそんな結論にいき当たるんです。

手嶋　王を射んとすれば、背後にいるイスラエルをロケットで射よというのですか。

佐藤　そういうことです。いまのヨルダン王制というのは、事実上イスラエルの庇護下にあるようなものです。このヨルダン王制が存続していたら、中東地域に真のイスラム国家はいつになっても建設されない、パレスチナの権利も全く保全されない。そう考えているパレスチナ難民の一部が、スンニ派の原理主義者をたきつけて、中東の事態を流動化させる機運をつくり出そうとしている。僕はそう見立てているんです。

手嶋　中東の現状を打破する——。そう考えれば、ハマスの攻勢も「イスラム国」の浸透も、個々の動きや思想はともかく水面下では繋がっているわけですね。佐藤さんのイスラエル訪問は、イスラエル側がその招聘にことのほか熱心だったと聞きました。この時、ヨルダン王制についてさまざまな形でブリーフィングを受けたのでしょうね。

佐藤　ヨルダンの王家「ハーシム家」は、預言者ムハンマドの曾祖父ハーシムの一門で、クライシュ族に属します。非常に高貴な血筋なんですよ。中東の中では穏健派を代表する国なのですが、それでもイスラム原理主義的な人々も多く居住しています。そのあたりのバランスをうまく取ることで、一九四六年の独立以来、安定的な絶対君主制を維持してきたのです。

手嶋　しかし、近隣の王家が地底から湧き出る原油によって繁栄を享受してきたなかにあって、ヨルダンは産油国ではありませんので、財政の基盤もきわめて脆弱です。

佐藤　ですから、「アラブの春」のあおりを受けて、やはり相当傷ついたんです。二〇一一年に首都アンマンで反政府デモが起き、時の内閣が総辞職に追い込まれただけでなく、国王一族の豪華な生活などにも批判が向けられました。王室批判がタブーだったヨルダンでは異例のことです。そんな経緯で傷んだヨルダンの王制を、事実上イスラエルがサポートしているわけですね。ただ、その構図がみんなに透けて見えている。だから、アラブ諸国の中で孤立せざるを得ないわけです。

手嶋　イスラエルに支えられているヨルダン王家こそ、中東の〝柔らかい脇腹〟だと見破られてしまった。そこでガザ地区のハマスは、ヨルダン王制を転覆する絶好のチャンスが到来したと踏んで、背後にいるイスラエルへの攻勢に出たというわけですね。

佐藤　「イスラム国」も「ヨルダンを組み込む」と宣言しています。さっきも言ったように、ハーシム家はムハンマドとつながるような高貴な家柄で、いわば王制の象徴ですから、イスラム原理主義者にとっては格好のターゲットなのです。

手嶋　もしヨルダンの王制が危機に瀕する、あるいは倒れてしまうという事態になれば、中東で王制打倒の連鎖が起こりかねない。イスラエルの動向も絡んで、事態はますます緊迫化、複雑化の様相を強めているということですね。

佐藤　付言しておけば、王制が危機にさらされているのは、なにも中東地域に限りません。例えばアジアでは、二〇〇八年にネパールの王制が廃止されて共和制に移行しました。一七六九年の建国以来続いていた王制が倒れるなんて、誰も思ってなかったわけですよ。ブータンとブルネイの王制は大丈夫としても、安泰に見えるタイの王制だって、いまのタイ社会の分断された状況をみれば、どうなるかわからない。万が一、タイの王制が崩れたら、日本への心理的な影響は否定できないんじゃないでしょうか。考えてみると、プーチンにしてもオバマにしても、彼らは〝現代の王様〟なんですよ。血筋ではなく、有権者という名の「選帝侯」に選ばれた王様です。

「新しい国家」と「破綻国家」

手嶋　中東の王制がもんどり打って倒れたら、その後にはどんな体制が出現するのでしょうか。歴史教科書的には、「王制のあとには、共和制がとって変わる」ということになります。しかし、いまやそんな単純な構図にはなりそうもありません。その意味でも、イラクやシリアにまたがって広がりつつある「イスラム国」の存在は示唆的ですね。

佐藤　「イスラム国」の動きを見ていると、想起させられるのが「ソビエト」なんです。ソ連の正式名称は「ソビエト社会主義共和国連邦」ですが、かつて左翼の人間たちは、そう呼ばずに「ソビエト社会主義共和国同盟」＝「ソ同盟」と称していました。連邦の「邦」の字を避けたかったからです。ソビエトは連邦じゃない、あくまでも同盟なんだ、と。どういう理屈かというと、マルクス主義のドクトリンである「世界革命」が成れば、最終的に国家はなくなる。ソビエトはそのための拠点で、いわゆるブルジョア国家とは違う「半国家」なのだ、というのです。この用語は、レーニンが『国家と革命』の中で使ったのですが、ブルジョアジーの国家のように人民を抑圧するという側面は持たない、というのがその定義です。国家が本来的に持つ暴力性が基本的に人民には向かない、新しい国家だというわけです。

手嶋　「イスラム国」は従来のような主権国家の樹立を目指しているわけではない。明らかに、われわれが主権国家として思い描いている国の概念が通用しないと言っていいでしょう。

佐藤　だから、マルクス主義が掲げた「世界共産主義革命」を、この場合「世界イスラム革命」に置き換えることができると思うのです。二〇〇一年までアフガニスタンを実効支配したタリバン政権の目標は、まさにそれでした。ただ単にアフガンを統治したのではなく、そこは彼らにとっての世界革命の拠点だったんですね。その後、ダゲスタンやチェチェン周辺を支配していたイスラム原理主義グループも、さらに今回の「イスラム国」も、明らかにそうした長期戦略を秘めて出てきているとみるべきでしょう。

手嶋　現状に強烈な不満を抱いてただ暴れているわけではない。一種、革命的な政治体制とでも呼ぶべきムーヴメントが窺えます。

佐藤　そしてここでも、「国際法」という従来のゲームのルールが通用しなくなり、従来の「国家」が成立しなくなり始めている点を指摘しておかなければなりません。国際法上の国家の最低限の要件として、自国の領土を実効支配していることと、国際法を順守すること――の二点が挙げられます。

しかし、自国民に毒ガス兵器を使ったシリアのアサド政権は後者の条件に触れますから、国際法の要件を満たす国家として認められません。さらにシリアは、「イスラム国」に国土のかなりの部分を侵食されています。国土の実効支配という点でも怪しくなってきています。このように、イラクしかり、ウクライナもしかり、自国領土を実効支配することのできない「破綻国家」がどんどん出てきているわけです。一方で、ＩＳ（「イスラム国」）に代表されるような、ネットワーク型の組織が、国境を越えて領土を支配し、とりあえず国と名乗るような新しい統治体制が、どんどん広がっているということです。

二〇〇一年九月一一日に米国同時多発テロを起こしたアルカイダに対してアメリカは世界的規模で「対テロ戦争」を行い、二〇一一年五月にはその指導者オサマ・ビン・ラディンをパキスタンで殺害しました。この過程で、アルカイダ系の活動家は、非集権的でネットワーク的な組織への転換を遂げました。

「イスラム国」の直接の起源となったのは、ザルカーウィーが創設した「イラクのアルカイダ」です。この特徴は、本家のアルカイダと異なり、シーア派を異端とし、ジハードの対象とする宗派主義的態度です。ザルカーウィーは二〇〇六年に米軍によって殺害されましたが、「イラクのアルカイダ」は勢力を拡大していきます。そして、二〇一三年にシリアの反政府組織を基盤に台頭した「ヌスラ戦線」と合同し、「イラクとシャーム（シリア）のイスラム国」（ＩＳＩＳ）の設立を宣言しました。しかし、これには「ヌスラ戦線」からも、本家のアルカイダからも異論が出ました。その結果、ＩＳＩＳはＩ

Sと改称し、アルカイダから分離すると同時に「ヌスラ戦線」とも激しく対立するようになりました。

ISは、欧米の同志に極力組織化を避け、分散して潜伏し、小規模なテロを繰り返すことでグローバル・ジハード運動を展開するという運動論をとっています。この手法は、今のところ、成功しており、ジハードによる世界的規模で単一のカリフ帝国（イスラム帝国）の確立という基本的信念を共有するだけの、緩やかなつながりのテロリスト・ネットワークが形成されています。

手嶋 従来の国家という枠組みだけを前提にしてしまえば、いま中東やウクライナで起きている事態の本質は摑みきれません。重ねて言いますが、その象徴が「イスラム国」なわけですね。

佐藤 そしてもう一つ、中東の地図にこの間起きていることを重ね合せると、見えてくる大きな流れがあるのですよ。キーワードは「イランの拡大」です。これまで論じてきたとおり、「宿敵」アメリカに秋波を送り、イラク政府をサポートし、イラクを通じてシリアにまで影響力を広げつつありますよね。

そのイランについては、十二イマーム派が支配するイスラム原理主義国家だというのと同時に、「ペルシャ帝国」の後継であるという点を押さえておかなければなりません。そういう意識を、特に改革派は強く持っている。改革派も含めて、核開発にこぞって賛成する背景には、ペルシャ帝国再建の悲願が横たわっている、とみるべきなのです。そうした観点に立つと、「イランの拡大＝ペルシャ帝国の拡大」という図式が浮かび上がってくる。

手嶋　二十一世紀は、「新しい帝国主義」の時代であると佐藤さんは見立ててきました。そういう視点から、イランは周辺地域への影響力を拡大しながら、「新しいペルシャ帝国」への脱皮を目指しているという指摘は新鮮ですね。

佐藤　そうです。大きくいえば、今進行しているのは、アメリカの退潮、中国の拡大、アラブの退潮、ペルシャの拡大という、「帝国の変動」なのですよ。

「二十一世紀の孤立主義」アメリカ

手嶋　「超大国アメリカの終わりの始まり」は、前著『知の武装』からいまなお続く深刻なテーマです。オバマの不決断は、超大国への信頼を損ない、世界各地で具体的な影響が広がっています。

先日、「ウォール・ストリート・ジャーナル」（二〇一四年八月一日付）にじつに興味深い寄稿記事が載りました。著者はジョゼフ・リーバーマン元上院議員。世紀の接戦と言われた二〇〇〇年の「ジョージ・ブッシュ対アル・ゴアの対決」で民主党の副大統領候補になった大物です。タイトルが「混迷深まるなかでアメリカの同盟国が漂流する」と象徴的です。「アメリカは超大国の矜持に賭けて、いま各地で生起する紛争に毅然としてコミットメントして敵に立ちはだかり、味方を支えていくべし」「しかし、現実にはいまのアメリカはそのように行動せず、敵にも味方にも曖昧なメッセージばかり送っている」――この中でリーバーマン元上院議員はそう主張しています。そして、そうした「オバマのアメリカ」が「イラン、ロシア、中国が攻勢に出るのを許している」と手厳しく批判しています。「モスクワ・北京・テヘラン枢軸」が形成されてしまうと警戒心を露わにしている。「アメリカの凋落」を、自国の政界からこんな形で突きつけられることの異常さ、それを当のオバマ大統領は自覚しているのでしょうか。

佐藤　リーバーマン元上院議員は、ユダヤ系ですね。

手嶋　アメリカ大統領選挙で、ユダヤ系の政治家が、正副大統領候補に選ばれたのは、あの時が初めてでした。彼は、東部のコネティカット州選出で保険・金融業界から手厚い支持を受けていて、民主党内では保守派の論客でしたが、後に民主党の外交・安全保障政策を批判して無所属に転じています。

佐藤　リーバーマンの論調を見ていますと、いま、同盟国イスラエルが何を考えているのか、その主張とぴたりと重なっていますね。

手嶋　オバマ大統領は、シリアのアサド政権への抵抗勢力には武器を送ろうとせず、アサド政権をロシアとイランが背後で支えているると、当初サウジが警告しているのに耳を貸そうとしませんでした。リーバーマン元上院議員は一つ一つの事実を挙げてオバマの逡巡を批判しています。

佐藤　ただ、手嶋さん、いまのアメリカは全く褒められたものではありませんが、それでも、他国がすべて束になってもアメリカを倒すことはできない。それくらいの強さは依然としてあの国は保持しているんだ、という現実は正確に見ておくべきです。

手嶋　たしかに、日本の知識人は強いものを本質的に嫌うところがありますから、超大国アメリカの凋落を喜ぶあまり、現実を直視できなくなる傾向があります。

佐藤　同じように、日本の経済人も、アメリカにはモノづくりの素地がまったく失われているとと決めつけて、一時は中国へとなびいていた時期もありましたね。

手嶋　まことに皮肉なことに、「超大国アメリカの終わりの始まり」の幕が上がる一方で、アメリカ経済は力強く蘇る兆しを見せ始めています。ですから日本の経済人へ説明するときには、安全保障分野でのアメリカの凋落だけでなく、アメリカ経済の復権にも触れるようにしています。

佐藤　「シェール・ガス革命」がアメリカを復権させる——とも言われていますが。

手嶋　アメリカのリーダーは、そのように考えています。テキサスのヒューストンは、この国の〝石油の首都〟ですが、郊外にはシェール・ガスの採掘井戸もあり、「シェール・ガス景気」に沸き立っています。確かにまだ解決しなければならない環境上の懸案はあるのですが、いまは大きな阻害要因にはなっていません。

これがアメリカの面白いところなのですが、シェール・ガス革命は、頑固なテキサス人が一人で、しかも国から一ドルの補助金ももらわずにやり遂げたのです。「クレージー・アンクル」と呼ばれたジョージ・ミッチェルがそのひとです。彼はヒューストン郊外の都市の造成に成功して、巨万の富を手にします。並の富豪なら、それで満足して安楽な余生を送ったはずですが、天性の起業家は違った。地下数百〜数千メートルのシェール層に埋もれ、掘り出す技術のなかったシェール・ガスの採掘に挑み、「フラッキング（水圧破砕法）」という新しい技術でガスを取出すことに成功します。彼は二〇一三年に九十四歳でなくなりましたが、「シェール・ガス開発の父」として歴史に名を刻みました。

佐藤　いまでもアメリカの天然ガスの価格は、日本の四分の一から五分の一という圧倒的な安さです。中東やロシアの天然ガスでは価格的に全く勝負にならない。アメリカが復権する素地は整っていると思います。その証拠に、代表的な化学メーカー、デュポンも海外の工場をたたんでアメリカに回帰しようとしています。

そうなると、アメリカ経済界からすれば、中東に関する関心は急速に失われていく。これに対して、宗教界からすると、イスラエルを抱えている以上、中東へ関与していかなくてはいけないと主張します。

手嶋　従来のアメリカ外交は、欧州に比べると、イデオロギー色のかなり濃いものでした。圧政が行われている国や地域があれば、〝義を見てせざるは勇なきなり〟、軍事力を使ってでも民主主義の理念を押し広げていく。イラク戦争における「ネオコン」、新しい保守主義者の論理はまさにこれでした。サダムの圧政にあえぐイラクに積極的に軍事介入し、独裁体制を打倒して民主主義を押し広げていく。福音派のキリスト教徒たちには、こうした積極的な精神が幅広く支持されたのでした。

佐藤 安倍さんの「積極的平和主義」もこのネオコンと同じ地平に立っているのですね。

手嶋 ここで言うネオコンは、かつて左翼陣営に属していた人が右翼陣営に転向し、力を背景とした政策を信奉する一群を指し、その多くがユダヤ系の人々です。

一方でアメリカは、第二次世界大戦の直前まで「孤立主義」に染まっていました。シェール・ガス革命の最大のポイントは、「新しい孤立主義」を成り立たせる条件が整い始めたことでしょう。アメリカは全土に原油と天然ガスを輸送するパイプラインが毛細血管のように張り巡らされています。シェール・ガスの埋蔵量だけでいえば、中国とアルゼンチンはアメリカをはるかに凌ぐのですが、パイプラインのような社会のインフラが整っているわけではありません。

佐藤 アメリカの強みは、メキシコや中南米から膨大な労働力が日々流れ込んでおり、非熟練の労働力にしろ、労働コストがきわめて安いことですね。

手嶋 さらに「独立宣言」と「合衆国憲法」という土台の上に建設された堅牢な民主主義国家であるということ。ここが中国との根本的な違いです。つまり、安定した民主的な政治制度、社会のインフラ、相対的に安価な労働力。そして、シェール・ガス革命で得る安いエネルギー。こうした条件がアメリカ経済の復権を演出することになると思います。

佐藤　僕もそう思いますね。

手嶋　湾岸戦争やイラク戦争の際、アメリカは「石油のために戦争をしている」と日本で指摘されていましたが、事実ではありませんでした。一方で、いまのアメリカこそ「中東の石油の軛から解き放たれた」といえるでしょうね。日本ではホルムズ海峡を通って日本に入ってくる石油エネルギーは八八％にも達していますが、アメリカは二〇二〇年にはエネルギーの需給がバランスすることになり、エネルギーの輸出国になる。アメリカと日本は、エネルギー供給の点では見事なコントラストをなしているんです。

佐藤　本当にそう思います。だからこそ、「第七世代戦闘機」の研究・開発が重要な鍵を握ります。無人戦闘機である第七世代の戦闘機が実戦配備できれば、海外に基地を展開する必要もなくなり、他国に頼らずに影響力を行使することが可能になるんです。

手嶋　アメリカにとって新しい「二十一世紀の孤立主義」と呼ぶこともできそうですね。

佐藤　近い将来、中国の「準天頂衛星」が何十個も地球上を回るようになる。そうなると、中国は全米の任意の場所や標的を、解析度二〜三センチぐらいの正確さで見られるようになります。十年も経たないうちに実現しても全然おかしくない。

手嶋　二十一世紀の戦争の主戦場は、二つのスペース、宇宙とサイバー空間に移りつつあると言われます。その点で、準天頂衛星と無人戦闘機は、圧倒的に重要なファクターになりそうですね。

佐藤　これは戦争に限った話ではない。「サイバースペース」を舞台に増殖しているビットコイン（仮想通貨）をみても、その影響の大きさがわかります。あれだけの問題を起こしながらも、なくなるどころか膨張を続けています。国家の制御がほとんど効かないんですね。この新しい「通貨」が、当たり前のように国境を越えて、大量に行き来し、実体経済の一部になりつつあります。

手嶋　本来、通貨というものは、国家がシニョレージ（通貨発行益）を握り、信用を担保して市場に流通させてきましたが、ビットコインには国家が関与していません。こんな事態は、いかなる国の指導者も想定していなかったでしょう。

つまり、二十一世紀は、国家というものも、戦争というものも、従来の枠組みでは捉えきれなくなりつつある。中東をめぐる「イスラム国」は、まさにその象徴なのです。

第三章　「東アジア」での危険なパワーゲーム

ベタ記事に埋め込まれた宝石

手嶋　世界の地震学者は皆、微かな予兆からやがて襲いくる巨大地震を予知して、幾多の命を救いたいと願っているはずです。地震を察知して、大津波の襲来をぴたりと言い当てることが果たして可能か、地震学者の間でも論争になっています。われわれのように日々激動する国際政局を観察しているオブザーバーもまた、眼前の些細な出来事を捉えて、忍び寄る天下動乱を言い当てたいと思っています。

佐藤　大地震の予知は至難の業なのでしょうが、天下の大乱を予測して見せるのは、不可能じゃありませんよ。インテリジェンスの感覚を日本刀のように研ぎ澄ましていれば、動乱の足音は聞き分けることができると思います。

手嶋　いま、佐藤さんは、「インテリジェンスの感覚」と表現しましたが、そもそも「インテリジェンス」とは、一般に思われているような「極秘情報」とか「スパイ情報」とかいったものとは、いささかニュアンスが違い、欧米の識者の間ではもっと広い意味で使われています。インテリジェンスの文化が日本では根付かなかったからでしょうか、いまだに正確な日本語訳すらありません。ですから、そのまま「インテリジェンス」と言っていますが、これは膨大で雑多な「一般情報」つまり「インフォメーション」の海の中から、ダイヤモンドの原石のような貴重な情報を選り抜き、分析し、問題の核心を示すエッセンスとして紡ぎ出した情報。まさしく最後の一滴が「インテリジェンス」です。国家の命運を委ねられた指導者が、和戦の岐路に立たされたとき、最後の決断を下す決定的な拠り所が「インテリジェンス」なのです。

佐藤　おっしゃる通りです。ですから国家の安全保障を委ねられたリーダーは、「インテリジェンス」の真贋を見極め、その軽重を判断する感覚を日ごろから磨いておかなければいけないんですね。そうなると、「インテリジェンス」は、国家指導者の専有物のように見えてしまいますが、決してそうじゃない。物事の判断の基軸ですから、会社の経営者も、管理職も、就活や婚活に挑む若者にとっても、「インテリジェンス」の感覚を磨くことは大切になってくるんですね。

手嶋 国家の情報機関から指導者に上がってくるような「諜報報告」がなくても、市井の人々でも、「インテリジェンス」を自力で紡ぎ出すことはできるわけです。誰でも目にしている日々のニュースは、その格好の素材です。ニュースそのものは、雑多な「インフォメーション」にすぎなくても、そこから貴重な「インテリジェンス」を精製して、組織や個人の決断の拠り所にすることは十分に可能です。

「ベタ記事畏るべし」という言葉があります。新聞の片隅のベタ記事にこそ真の情報が埋め込まれているという教訓を言い表しているのでしょう。記者がニュースをことさら大きくしようと考えたり、主観を交えて分析したりしていない分だけ、事態がコンパクトにまとまっている場合も多いのです。そんなニュースの短信を素材に佐藤さんと光り輝くような「インテリジェンス」を見つけ出し、その意味を読み解いてみたいと思います。

佐藤 そういうことなら、閉ざされた独裁国家、北朝鮮に関するニュースがいいかもしれませんね。情報の切れ端は転がっているのですが、その真贋を確かめようにもなかなか真相がわかりませんから。それだけに分析する側のインテリジェンスの感覚と能力が試されるんです。折しも拉致問題を巡って日本と北朝鮮との間で水面下の動きが活発になっています。密やかな接触の模様の全貌が新聞で報じられることはありません。でも注意していると、水面下の動きを窺わせるような短信が紙面に時折登場してきます。

手嶋　先ほどの説明を補足していえば、日々の短信は、典型的な「インフォメーション」です。日朝関係に関する雑多な一般情報にすぎません。でも、情報感覚に優れたオブザーバーが眼光紙背に徹して読み解けば異なる風景が見えてくることがあります。短信という名のピースを大きなジグソーパズルの盤に丁寧に嵌め込んでいけば、やがて貴重な「インテリジェンス」を紡ぎ出すことができるはずです。

佐藤　そう、インテリジェンスは年季だと言いますからね。いま日本の新聞は、随分と評判を落としていますが、利用の仕方によってはまだまだ捨てたもんじゃないですよ。

「遺骨」は何を語るか

手嶋　二〇一三年に入ると、終戦前後に北朝鮮地域で死亡した日本人の遺骨収集に関する短信が地方紙を中心に報じられるようになりました。個々の遺骨収集団の北朝鮮訪問は、全国紙が大きく報じるほどニュースバリューはありません。でも、ああ、平壌から関係改善のシグナルが出始めたなと、佐藤さんと分析し、原稿に書いたり、コメントしたりしましたね。二〇一四年五月に発表された「日朝合意」の文書にも、日本人の遺骨収集が盛り込まれていた。われわれの読み筋は間違っていなかったわけですね。

佐藤 実は北朝鮮と日本のように国交がない国同士の外交では、「遺骨」というのは関係改善の明らかなシグナルになるんです。

手嶋 脳内のデータに「遺骨」というキーワードがちゃんと収まっていれば、山形県から遺骨収集団が訪朝したという新聞記事を読んだだけで、ぴんと来るわけですね。

佐藤 最近はビッグデータが大変なブームになっていますが、膨大なデータの蓄積が大切なのではありません。そこから、いかにして上質の「インテリジェンス」を抽出するか。独自の〝変換装置〟を備えていなければ、何も産みはしませんよ。

手嶋 一九九五年にベトナムとアメリカは、ベトナム戦争以来の断絶状態に終止符を打って国交を樹立しました。その前の年に、ベトナム戦争で行方不明になっていたアメリカ兵の遺骨や遺体の一部が返還されました。フランス植民地主義との最終決戦、ディエンビエンフーの戦いの英雄で「赤いナポレオン」として知られるヴォー・グエン・ザップ将軍と長時間会ったことがあります。その折、ベトナム政府がアメリカ兵の遺骨の返還に尽力していることに触れたのが印象的でした。ハーバード大学の国際問題研究所の代表団の一員としてアジア各国を訪れた時のことです。この中に陸・海・空三軍の高級幕僚が当初含まれていました。結果的には国防総省が時期尚早として彼らのハノイ入りを認めなかったのですが——。遺骨の返還は、アメリカ政府への明確な関係改善のシグナルだったのでしょう。北朝鮮当局もまた、「遺骨」を日本との関係改善の符牒に使っている節が窺えます。

佐藤　密かな符牒といえば、もう一つピンポン玉を挙げてもいいかもしれません。二〇一四年四月に東京都内で開かれた世界卓球に出場する北朝鮮選手団に、安倍政権がビザの発給を認めたのも、注目すべき符牒でした。

手嶋　北朝鮮側も、かつての日・中・米の「ピンポン外交」の故事を知っているはず——日本の外交当局は、そう考えてカードを切ったのでしょう。一九七一年の春、名古屋で行われた世界卓球選手権に、当時、日米両国とは国交のなかった中国の選手団が招かれました。これをきっかけに、アメリカの選手団が突然、日本から北京へと招かれたのでした。厳しい冷戦のさなかのことですから、これは一大事件でした。アメリカの選手たちは、中国で一般の民衆から熱烈な歓迎を受けたのですが、すべてを演出していたのが周恩来総理でした。この年の七月、ニクソン政権のキッシンジャー大統領特別補佐官が極秘裏に中国を訪問し、翌七二年二月のニクソン大統領の訪中につながっていきます。ピンポン玉が日本を舞台に米中間を行き来し、劇的な米中接近が実現したのです。これによって冷戦の基本構造に地殻変動が起きたのですから、「ピンポン玉、侮るべからず」ですね。

佐藤　一見些細な、と見える動きもやがて激流となって、新たな歴史を創り出していく。その見逃せない予兆になっていたわけです。

手嶋　米中両首脳がピンポンを介して、関係改善に向けた瀬踏みを始めていた時、ニクソン大統領とキッシンジャー補佐官のやり取りが秘密裡に録音されていました。いわゆるニクソンの盗み録りテープです。このなかに「今日の夕方のテレビ・ニュースは、卓球選手団の訪中のニュースで持ちきりだな。ベトナム戦争の話は、トップニュースの座を譲ったな」と話しかけるニクソンの声が収録されています。キッシンジャーは「大統領閣下、まさにその通りです。私は忙しくて見ていないのですが、全米メディアの編集幹部との懇談会でも、この話題で持ち切りでした」と答えるくだりがあります。ニクソンは「メディアの連中の関心をベトナム戦争の反対キャンペーンから中国に向けさせる効果はあるな」と上機嫌で応じています。そして、キッシンジャーは、米中の接近がベトナム戦争を終わらせる効果があるとも述べています。国際政治の舞台でスポーツの役割を軽んじてはならない。ニクソン・テープはそう諭しているようです。

ウランバートルとストックホルム

手嶋　日朝の接近劇でもう一つ、重要な符牒を挙げるとすれば「ウランバートル」でしょう。前著『知の武装』で、ウランバートルという都市が日朝関係を読み解くうえで、どれほど重要な意味を持っているか、佐藤さんと詳しく論じました。

佐藤　手嶋さんも僕も見通しが当たったことを自慢するような人間じゃありません。ですから手嶋さんが「前著で詳しく論じた」と断ったのは、決して後知恵で言っているわけじゃないという意味ですよ。眼前の出来事を確認してから、「そうなると分かっていた」と後講釈する人が結構いますからね。

手嶋　ええ、競馬の予想で、百発百中の予想はたいていこの類です（笑）。午後のレースから姿を見せた予想屋の婆さんが、「午前中のレースをすべて的中させた」と予想の張り紙を見せつけるケースです。日朝の重要接触には、モンゴルの外交官とウランバートルが必ず登場するはずと前著で指摘しました。果たしてその通りになりました。

佐藤　「横田夫妻が孫と初の面会を果たした」という非常に重要なニュースの舞台こそモンゴルの首都ウランバートルでした。二〇一四年の三月一〇日から一四日にかけて、横田めぐみさんのご両親は同地を訪れて、めぐみさんの娘で、孫にあたるキム・ウンギョンさんに初めて会いました。実はこの手の秘密折衝をやれる場所というのは、非常に限られているんです。重要な外交の舞台とするには、北朝鮮の大使館があり、秘密が十分に守られる都市でなくてはいけない。逆に言えば、そのような場所を定点観測しておけば、やがて生じる出来事の兆候が必ず見えるはずです。その場所の一つがウランバートルです。

手嶋　日朝が重要な接触をするには、お座敷を貸してくれる国と双方が良い関係にあり、仲を取り持ってくれる人物が欠かせないわけですね。

佐藤　モンゴルを代表する外交官、ソドブジャムツ・フレルバータル大使こそ、そんな条件にぴったりの人物です。彼の属人的な要素によるところが大きいのです。彼は、二〇一二年に駐日大使として着任する前に、平壌で駐北朝鮮大使をしていて、北朝鮮と強力なパイプがある。さらにこの人物に日本語や日本の情勢を教えたのが、かつて七年間もロシアの駐日大使を務めたアレクサンドル・パノフ教授です。まさにパノフ人脈に連なる本格派なのです。フレルバータル大使が野田佳彦前政権との間に築いたルートを安倍政権も引き継ぎ、対北朝鮮外交のチャネルに活用してきました。

手嶋　日本側は政権が替わっても、外務省がモンゴル・ルートを途切れさせず引き継いできたということなのでしょう。

佐藤　そういうことだと思います。モンゴルという国は、北朝鮮としっかりと友好関係を築いています。それだけに、北朝鮮側の扱いも違うんです。イギリスやスウェーデンなどの西側諸国の北朝鮮大使館は、平壌市郊外の外国大使館クォーター（区画）にまとめられ、平壌市内の様子をじかに見ることはできません。それに対して、平壌の中心にある大使館はたった三つ。中国大使館、ロシア大使館、そしてモンゴル大使館です。それだけに、中国人やロシア人の外交官は、北朝鮮の情報当局から非常に厳しく監視されています。中国だって、金正恩体制にとっては、敵国みたいなものですからね。ところが、モンゴル人外交官は平壌で比較的自由に動き回れるんです。モンゴル族と朝鮮族の伝統的な友好関係に加えて、最も恐れている国は中国、つまり、共通の敵というわけです。そうやって北朝鮮とモンゴルの関係を見ていくと、モンゴルはまさに北朝鮮情報の宝庫であることが分かります。北朝鮮だってモンゴルから情報を取られていることは、よく分かっています。そこは北朝鮮側も「インテリジェンスの窓」としてモンゴルを阿《あ》吽《うん》の呼吸で利用している、そういう関係なんです。

手嶋　そんなウランバートルという舞台に、横田めぐみさんのご両親が行った――。それは、北朝鮮問題を動かそうという力が双方から働いていたことをうかがわせています。拉致問題で横田めぐみさんは象徴的な存在です。日本にとって、めぐみさんの安否確認なくして、拉致問題の解決などありえません。もし生存していれば、めぐみさんの帰還なくして、拉致問題の解決はあり得ません。北朝鮮側も当然それは分かっているはずです。

佐藤　結論から言うと、このウランバートル・オペレーションは一応成功したといえますね。北朝鮮側は、孫のウンギョンさんに会わせることで、「めぐみさんはもう亡くなっている」と横田さん夫妻を説得しようとしたのでしょう。ウンギョンさんは「おじいちゃん、おばあちゃん、どうして私の言うことを信用してくれないのですか」と述べたということです。

手嶋　「娘さんは生存していない」と伝える代わりに、よく似た孫の顔を見せて、その子とつながりを持たせる。両親は、北朝鮮の当座の説明は納得できないまでも、一種の心の安らぎを得ることはできますからね。ともあれ、北朝鮮はこのウランバートルの一件で、拉致問題のシンボリックな存在である横田めぐみさんの安否についてメッセージは発したわけです。そして拉致被害者の家族にも、少なくともその事実を受け入れる素地は築くことができたと考えているのでしょう。言うまでもありませんが、拉致被害者の家族はこうした北朝鮮側の対応を受け入れているわけではありません。

佐藤　確かにこのオペレーションは、北朝鮮側にとってうまく運んだということです。舞台を提供してくれたモンゴル政府への信頼も一層高まったと思います。

手嶋　こうした経緯も踏まえつつ、二〇一四年五月二六日から二八日にかけて、スウェーデンのストックホルムで日朝の外務省局長級協議が開かれました。ここで「日朝合意文書」が発表され、拉致被害者の再調査実施が盛り込まれたわけですね。

佐藤　実はこの「ストックホルム」というのも、「ウランバートル」とはまた別の意味で重要な場所なのです。インテリジェンスの視点からも興味深い話なので、ちょっと脱線させてください。

手嶋　脱線といっても、この二都は鉄路で結ばれていますよ。あの冷たい戦争の時代、僕は、北京発ウランバートル経由ワルシャワ行の国際列車に乗ったことがありました。一九八〇年のことです。豪華な内装が施されたコンパートメントに乗ったのですが、この時、北京からストックホルムに帰任する外交官の家族と一緒になりました。あの厳しい時代ですら、中央アジアと北欧の二つの都市は人の往来があったのですから。

佐藤　元モサド（イスラエル諜報特務庁）長官のエフライム・ハレヴィ氏から極秘工作の打ち明け話を聞いたことがあります。イランのミサイル「シャハブ3」が北朝鮮のミサイル「ノドン2」のコピーだとわかり、北朝鮮からの武器技術の流出を防ぐことが急務になった。当時、モサドの副長官だったハレヴィ氏は、大胆にも北朝鮮に直接働きかけたのだそうです。「イスラエルの情報機関の者だが、ミサイルの情報をイランに流出させないでほしい。ついては取引をしないか」と持ちかけた。すると北朝鮮側から、「旧東ベルリンのシェーネフェルト空港に来い」と指示されたというのです。

空港に行くと、旅客機「Iℓ－62（イリューシン－62）」が待機していて、ファーストクラスに乗るよう命じられた。飛行機には他にイスラエル外務省の職員が乗っていた。北朝鮮はモサドと外務省に〝二股〟をかけていたわけです。エコノミークラスの席には、段ボールが山ほど積んであった。この旅客機こそ北朝鮮行きの直行便で、朝鮮労働党の第二経済委員会が金ファミリーのために食料品などを空輸する目的で使っていた旅客機だったのです。平壌に到着すると、金容淳《キム・ヨンスン》朝鮮労働党書記が出てきて、「しかるべき金を払ってくれれば、武器技術は流出させない」と応じてきた。そして、今後の交渉場所として指定されたのが、スウェーデンの首都ストックホルムだったそうです。

ハレヴィ氏は、てっきり東欧のどこかで交渉が行われると思っていたため、「なぜストックホルムなのか」と尋ねたといいます。北朝鮮側の答えは、「スウェーデンとは北朝鮮でもビザなしで入国できるから」だと。第二次世界大戦中もスウェーデンは中立を維持しましたが、中立義務に違反すると、両陣営から攻め込まれる恐れがあります。ですから行き届いた外国人監視のシステムが敷かれ、国民には相互密告の習慣があるんです。だから「スウェーデンなら心配がない」と本音を漏らしたそうです。

手嶋　やはり脱線してもらうものですね。実に面白いエピソードです。当時、すでにソ連が崩壊して、冷戦は過去のものになっていた時期ですが、まだ中立国としてのインテリジェンス活動の伝統が生きていたんですね。

佐藤　私は一九九五年までモスクワの日本国大使館で勤務していたのですが、重要な手紙などを直接在モスクワの日本大使館で受け取ったことはありません。あの国では、通信の秘密など守られる保証はありませんから。日本から在モスクワ大使館へ直接手紙を送ってはいけない規則になっていたんです。ではどうするかというと、まずスウェーデンの日本国大使館に送る。「Embassy of Japan（日本国大使館）, Gärdesgatan 10 27 Stockholm SWEDEN」と住所を書き、その横に「M.」と打つのです。そうすれば、スウェーデンの大使館では一切開封されずに、モスクワに転送される決まりになっていました。だから当時の僕らの住所は、全てストックホルムになっていたんです。

手嶋　事情通だって、中継地はフィンランドのヘルシンキだと思っていたはずです。

佐藤　フィンランドはロシアの影響が強すぎるので、私たちは信用していなかった。郵便物が抜かれたりする懸念もありましたから。一方でノルウェーはＮＡＴＯ加盟国ですから、ここを中継するとロシアを刺激しすぎる恐れがありました。

手嶋　現下のウクライナ情勢を読み解く主要なファクターは、ＮＡＴＯの境界線がどこを走っているかなのですが、ここでも北欧のパワーバランスを精緻に分析して、ＮＡＴＯの域外にあるストックホルムを巧みに利用しているわけですね。

「遺訓政治」との訣別

手嶋　二〇一四年五月、国際政局の要衝たるストックホルムで行われた日本と北朝鮮の外務省局長級協議では、そのニュース報道を注意して見てみると、興味深い事実に気づきます。協議最終日の五月二八日には、日朝協議は合意に至らず平行線に終わった、焦点の拉致問題に関する再調査と制裁緩和をめぐって、日朝間の折り合いがつかなかった、と報じられています。伊原純一アジア大洋州局長も記者団に「拉致などの諸問題を引き続き提起し、真剣な議論を行った」と述べるにとどめています。

ところが翌二九日になると空気は一変します。「拉致被害者の全面的再調査の実施で合意した」と安倍総理自らが官邸で記者会見し、制裁解除の条件などを盛り込んだ合意文書が発表されたのです。現地ストックホルムでの特派員の報道ぶりと日本政府の発表の間には随分と落差がある。その理由はただ一つ。伊原局長が帰国して直接安倍総理に会談の模様を詳しく報告して、最終的な判断を仰いだうえでの決定だったのです。すべては、安倍官邸の政治決断に委ねられたということでしょう。

佐藤　安倍官邸の内情に通じた手嶋さんの見方は実に鋭い。安倍官邸が北朝鮮との関係改善に本腰を入れ、ゴーサインを出したということです。核・ミサイル・拉致の三つの懸案を抱える対北朝鮮外交で、安倍政権が最大のテーマに掲げていた拉致問題を解決するラストチャンスと見たのでしょう。外務省の対米重視派からは、オバマ政権がこの決断に必ずしも好意的な反応を示さないだろうという慎重意見も出されたといいます。しかし、安倍総理は自らの決断に迷いはなかった。

手嶋　安倍総理と外交当局は、北朝鮮側がストックホルムで示した対応を、知恵を振り絞り、細心の注意を払って分析したのだと思います。日本人拉致問題で北朝鮮側がこれまでより柔軟な姿勢を示し始めていると読んだだけではない。金正恩体制の構造そのものに変化の兆しがみられると受け止めたのでしょう。

佐藤　まさしく、その通りです。北朝鮮にはいま「イデオロギー転換」が起きていると踏んだのです。金正恩の父親、金正日は、金日成の遺訓に徹底的に従うという政治スタイルをとりました。建国の父である金日成という〝ミイラ〟があの国を支配していたわけです。だから何か新しい政策を決定するに際しては、その根拠となる、金日成の「新しい」文書を見つけなければならなかった。その結果、金日成著作集が最初の八巻から、四十四巻と増え、最後には百巻の大全集になってしまいました（笑）。

しかし金正恩は、この「遺訓政治」をやめる決断をした。例えば、二〇一三年に出した『最後の勝利をめざして』という論集では、「限りなく謙虚な金正日同志は、金正日主義はいくら掘り下げても金日成主義以外のものではないとして、わが党の指導思想を自身の尊名と結びつけることを厳しく差し止めました」と述べた上で、自らの決断であえて「金日成・金正日主義」と呼ぶことにしたと、父の遺訓を克服したことを強調しています。同時に、「革命家の血筋を引いているからといって、その子がおのずと革命家になるわけではありません。偉大な大元帥たちが述べているように、人の血は遺伝しても思想は遺伝しません」と、非常に重要なことも言っている。要するに、血筋と思想を分けて考えているのです。

こうした流れをアナロジカルに見ていくと、実はスターリンが自らの政治体制を確立した時の手法と似たところがあるのです。レーニンの時代までは、ソ連が目指す共産主義思想を、思想家の名を冠して「マルクス主義」とひとまとめにしていた。これに対して、スターリンはあえて「レーニン主義」、あるいは「マルクス・レーニン主義」と呼んで、「マルクス主義」と区別しました。これによって、自らの政治体制を確立したのです。金正恩もこのひそみに倣って「金日成・金正日主義」と呼ぶことによって、逆に「金正恩主義」を打ち出すことができる素地を整えたと見るべきです。イデオロギー的にフリーハンドを持つことになり、金正日時代の過ちも指摘できるようになった。

手嶋　なるほど、今回のストックホルム協議で、北朝鮮側が拉致問題を先代の政権の犯罪として事実上認めるためにも、「イデオロギー転換」を密かに進めていると佐藤さんは見立てているわけですね。安倍政権が平壌の最深部で見逃せない変化が兆し始めていると受け取っていることは事実です。しかし「遺訓政治の清算」と喝破したのかどうか。安倍官邸にはそこまで精査されたインテリジェンスは届いていないようですね。

佐藤　「イデオロギー転換」を天下に知らしめるうえで、格好の存在がいる。正確にはいたのです。二〇一三年一二月に金正恩によって粛清された張成沢《チャン・ソンテク》です。金正日時代から政治の中心にいたこの人物を、国家転覆の陰謀を企てた逆徒であり、党の中央に侵入したスパイだとして、大半の親族もろとも処刑したと報じられました。この論法でいけば、日本人拉致問題についても張成沢の責任にすることができます。特務機関を牛耳って拉致のような不埒な行為に及び、小泉政権に虚偽の報告をしたのは、この悪人だ。私はそんな男を粛清し、関係者全員を処刑し、責任を取らせた。そもそも自分の年齢からいって、日本人の拉致に直接関与していないことは明白ではないか——。こうした構図をつくりあげることによって、自分も父親も傷つけることなく、過去の拉致を事実として認めたうえで、打開の道を探ることが可能になったと読むべきでしょう。

〝普通の国〟に近づく北朝鮮

手嶋　今回の「日朝合意文書」にも、様々な一般情報つまりインフォメーションが盛り込まれていますが、双方の外務官僚がドラフトを執筆していることもあって、決して読みやすい文章ではありません。そこから、情報の肝を見つけ出し、この合意に籠められた両国の意図を正確に抜き出す。これこそがインテリジェンスの業なのですが、さて、この文書のどこに鍵があるとみていますか。

佐藤　「北朝鮮側が取る行動措置」の「第三」のパートでしょう。「全ての対象に対する調査を具体的かつ真摯に進めるために、特別の権限（全ての機関を対象とした調査を行うことのできる権限）が付与された特別調査委員会を立ち上げる」という点です。国家安全保衛部など、拉致に直接関与していた秘密機関が全て調査対象になるという意味ですから、北朝鮮側からすれば、大きく譲歩したわけです。

今後の進展も含めて、一つのポイントになるのは、朝日国交正常化交渉担当大使の宋日昊《ソン・イルホ》の存在です。北朝鮮側代表として交渉のテーブルに着いた宋日昊氏ですが、様々なところに出没して、これまではやらなかった行動に出ています。例えば、「拉致問題で、日本側は過剰な期待を持ってはいけない」といったメッセージをロシアを介して出すようなことまでやっています。どうやら、宋日昊氏が所属する外務省の地位が政権内部で相対的に上がっているようなのです。ですから、拉致問題にしても、従来は北朝鮮外務省と交渉しても埒があかなかったわけですが、いまは必ずしもそうじゃない。

手嶋 日本の交渉当局者も、どちらかというと彼を無能な男と見下す態度をとってきましたが、どうやら評価を変えなければいけなくなった。

佐藤 そう思います。金正恩体制になって、国の統治システムが変わり、外務省も外交機能を持つようになったわけですよ（笑）。そういう意味では、北朝鮮も〝普通の国〟に近づきつつあるのかもしれません。

手嶋 宋日昊氏は「日朝の合意の中には、朝鮮総連の本部売却問題も含まれている」と合意文書の行間まで解説しています。

佐藤　表面に現れた事象だけでは真相がわからない。ここはインテリジェンスの出番なんでしょうね。二〇一四年六月一九日、朝鮮総連の不服申立てに応じて、落札者への本部売却の許可を一時停止する、という最高裁判断が下されました。明らかに司法当局が現在の日朝関係を忖度した結果でしょう。

手嶋　司法当局が日中関係を忖度し、尖閣沖で衝突事故を起こした中国漁船の船長の身柄を釈放してしまったケースを思い浮かべてしまいます。

佐藤　いくら外交上の重要案件であっても、民主主義の国家では、司法は行政から独立していますから、政府がストレートに司法に影響を与えることなど簡単にはできないはずです。そこが、私にはものすごく不思議なんですよ。

手嶋　佐藤さんほどの海千山千のつわもので、政治の裏の裏まで知り抜いている人の言葉とは思えませんね。そんなにナイーブな人でしたっけ（笑）。政権首脳の意向を暗に汲んで司法官僚が動いた例などいくらもあるじゃないですか。

佐藤　たしかに、この本部売却問題は、最高裁にいって初めて動き出しています。「司法の独立」を、額面どおり受け取るわけにはいかないようですね。一九五九年に米軍の駐留の違憲性が争われた砂川事件のように、政府が裏で動いて「うまく収めた」ということなのかもしれません。あの裁判では、一審で違憲判決が出たものの、国が高裁を飛び越して最高裁に跳躍上告し、合憲判決を「勝ち取った」ことがありました。

手嶋　在日アメリカ大使館からワシントンに打電された極秘の公電の一部が明らかになっています。最高裁の首脳陣が、アメリカの駐日大使に密かに接触し、よきに計らいます、といったニュアンスを暗に伝えたりしています。そうした動きの背後に自民党政権の意向があったことは言うまでもありません。政権が強いときには、司法当局もなびくのでしょう。三権分立が揺らぐことを断じて認めるわけにはいきませんが、今回はどうにも怪しいですね。

「日朝合意」を演出した北の密使

手嶋　今回の「日朝合意」にいたるプロセスを見ていますと、実に淡々と交渉が運んだように見受けられます。ストックホルムから伊原アジア大洋州局長が北朝鮮側との合意事項を持ち帰り、安倍総理が最終的にゴーサインを出して、日本人拉致被害者の再調査が決まりました。ただ、安倍総理はこの会談だけを拠り所に決断したかのように一見映りますが、無論そんなことはないわけですね。

佐藤 ええ、表の交渉と表の情報だけで、政権の命運を賭けた決断をする指導者などいるわけがありません。

手嶋 実はここに至るまでの非公式協議の比重のほうがむしろ高い。そのルートから重要なインテリジェンスが安倍官邸にあがっているわけですね。そうした素地があって、表の交渉で北朝鮮側が示した条件を吟味し、水面下で得たインテリジェンスで裏をとった。安倍政権としては、北朝鮮側が示した提案に信を置いていいと判断したのでしょう。「表」の交渉ルートと「裏」の交渉ルートが、大枠のところでほぼ一致したわけですね。ことほど左様に、水面下の「裏」ルートは重要ですね。

佐藤 今回の日朝交渉の構造を正確に理解するためには、やはり日朝の「裏」ルートを最初につくりあげた「ミスターX」について、おさらいをしておかなければなりません。手嶋さんの『ウルトラ・ダラー』にも出てくる彼は、私が入手した情報では、すでに事故死してしまったといいます。ところが、やっぱり国家間のルートというのは途切れないもので、「ミスターY」という新たな人物が日朝交渉の窓口に起用され、そのルートがいま現在も健在です。この人物は、日本外務省だけではなく、特定の人を介したプライベートのルートも持ち、共同通信社の平壌支局ともつながっている。日本側の持つ様々な北朝鮮ルートを手繰っていくと、結局、彼にたどり着く。これが重要なところです。唯一の例外が、朝鮮総連の許宗萬《ホ・ジョンマン》議長を介した飯島勲氏のルートだけでしょう。

手嶋　前著『知の武装』でも触れた「飯島・総連ルート」は、具体的成果をついに挙げることができませんでした。ある意味では、外務省ルートとライバル関係にあったのですが、一敗地に塗れたことになります。われわれは、結局ここからは日朝交渉は伸びていかないだろうと前著でも指摘しましたが、やはりその通りになりました。

佐藤　この交渉ルートが脚光を浴びて、飯島勲・金永南《キム・ヨンナム》会談が実現した時には、外務省の当局者のひとりは、この接触に大変に批判的でした。結果的には、このルート自体は瀕死の状態です。だからといって、この当局者が期待したように飯島氏が安倍官邸を逐われることはありませんでした。

手嶋　ただ事情通は、許宗萬議長が今回の制裁緩和で訪朝は果たしたものの、無事に日本に帰ってくるかどうか心配していました。議長は平壌への多額の送金オペレーションの責任者でしたから。いま金正恩体制は、資金難に苦しんでいますから、議長が抱える米櫃に異常なほどの関心を示しています。

佐藤　米櫃を握る人物は、独裁体制下ではよほど注意しないと身に危険が及びます。
手嶋　その「ミスターYルート」を通じて、北朝鮮の金正恩政権は、日本に重要なメッセージを送り続けていました。
佐藤　そう、そのメッセージなるものの核心は、当たり前のように思えるかもしれませんが、「日朝平壌宣言」がなお有効であることを安倍政権も再確認してほしい、その一点だと思います。二〇〇二年九月に小泉首相が北朝鮮を電撃訪問し、金正日総書記と首脳会談をして、取りまとめた「日朝平壌宣言」には、拉致問題の解決が、そして付け足しのように核・ミサイル問題の解決が盛り込まれています。日本政府としては、この約束が果たされれば、経済協力を実施する、というパッケージになっていました。ただ、その後、北朝鮮政府がミサイル発射や核実験を強行したことなどから、「日朝平壌宣言」は事実上有名無実化した、というのが日本のスタンスでした。
手嶋　アメリカのブッシュ政権も、本音ではこの合意を喜んでいませんでしたから、北朝鮮がプルトニウム型の核爆弾の製造に加えて、ウラン濃縮型の核爆弾の開発にも手を染めている事実を日本側に伝えて、この「平壌宣言」を事実上葬り去ったのでした。にもかかわらず、今回の日朝合意では、「双方は、日朝平壌宣言に則って、不幸な過去を清算し、懸案事項を解決し、国交正常化を実現するために、真摯に協議を行った」という一文で始まっています。アメリカ側は不快感を隠そうとしていません。

佐藤　その「平壌宣言」にはっきりと言及し、それが「生きている」ことを明示的に確認してみせた——いわばこれを蘇らせたことは大きな譲歩です。

手嶋　具体的に金額は書かれてはいませんでしたが、「平壌宣言」の肝は「拉致問題を解決し、大量破壊兵器の開発を断念すれば、日本は北朝鮮に経済協力を実施する」というものでした。日朝両国は少なくとも北朝鮮への一兆円の援助を暗黙の前提としていた。ところが、ブッシュ政権に十分な内報をせず、根回しを怠ったこともあって、結果的に「平壌宣言」は国際政治の力学に押されて事実上の死に体になってしまいました。

佐藤　今回の合意では、拉致問題を解決する姿勢を示せば、日本が独自に行っている経済措置を解除するとし、「平壌宣言」を復活させる意思を明らかにしています。ただ、核・ミサイル問題に関しては、国連の安全保障理事会の決議によって実施されている制裁措置は解除しないとしています。安倍政権のスタンスは、「平壌宣言」の時点よりさらに柔軟だと見ることもできそうです。

〝期待値〟上げオペレーションの狙い

手嶋　日朝双方が間合いを詰め始めたころから、首脳会談が電撃的に実現するのではないかという観測がしきりに流れました。

佐藤　ええ、モンゴルの首都ウランバートルにテレビ各社がクルーを出すなどの動きもありましたね。結果的にはすべて空振りに終わったのですが。

手嶋　小泉総理の平壌電撃訪問をつい想起したのかもしれませんね。安倍総理が平壌に出かけるかどうかとは別に、速やかに首脳会談をという水面下の動きは確かにあったのでしょう。現に一時は二〇一四年八月末の総理日程は空白のままでした。しかしながら、首脳会談への期待はなぜか急速に萎んでいき、日朝交渉も勢いをなくしてしまった。

佐藤　それは「情報戦」の結果だと、私は見ているんですよ。日本経済新聞が、二〇一四年七月三日付の朝刊一面で「日本と北朝鮮が1日に北京で開いた外務省局長級協議で、北朝鮮国内に生存しているとみられる日本人のリストを北朝鮮側が提示していたことが明らかになった」と報じました。さらに一〇日付の朝刊一面では「拉致被害者複数　生存者リストは約30人」と見出しを打ち、「北朝鮮が日本側に提示した北朝鮮国内に生存しているとみられる日本人の生存者リストに、政府が認定している複数の拉致被害者が含まれていることが9日、明らかになった」と連打を放ったのです。これが大きな転換点になったと思います。

手嶋　いま佐藤さんは「情報戦」と表現しましたね。ということは、日経新聞には、何ものかが意図してこの情報をリークしたということになります。それではリークした者の狙いは何だったのでしょうか。

佐藤　「生存者三〇人」というのは、明らかに「〝期待値〟上げオペレーション」ですよ。事前の期待を必要以上に高めておく。そうしておいて、いざ蓋を開けてみたら、期待は見事に裏切られる。結果的に、日本の対北朝鮮外交に対するインセンティブは下がってしまいます。結局、「そんな程度のことか」と落胆が広がってしまう。ひとことで言えば、それが狙いだったのですよ。

手嶋　じつに興味深い読み筋ですね。一般的には、メディアへの工作を仕掛ける側は、交渉の期待値を下げようとする。それが常套手段のはずですが――。

佐藤　仮に日経の「スクープ」が、「戻ってくるのは日本人妻数人」というような中身で、それを官邸が強く否定しない、という図式だったらどうでしょう。実際に安倍首相が平壌に行って三〇人の生存者を連れもどしたとしたならば、「日本政府はよくやった」とマスメディアも世論も反応します。これが典型的な〝期待値〟下げオペレーションです。「情報戦」で重要なポイントは、誰かが事前に重要情報をリークする場合、「こんないいことがあるぞ、こんなことができそうだ」と期待を押し上げる内容であれば、それは成果を潰そうとする操作だとみていい。逆に「これもできない、あれも無理そうだ」と期待を下げるような内容であれば、交渉の成果を引き立たせる操作です。

手嶋　この〝期待値〟上げオペレーションが発動されて、かつて日ロの領土交渉がダメージを受けたことがありましたね。

佐藤　ええ、二〇〇〇年九月のプーチン大統領の訪日の際の出来事でした。朝日新聞が「日ロ首脳会談で交わす平和条約交渉についてのメモランダム」の中身を抜きました。プーチンの訪日によって、北方領土の「二島返還」がありうると期待させる内容でした。ところがこの「スクープ」は、外務省の特定勢力がプーチン訪日の成果を潰そうと狙った〝期待値〟上げオペレーションだったのです。記事は「メモランダム」を元にして書かれたもので、内容は極めて正確だったのですが。

手嶋　なるほど、重要会談の極秘情報を事前に漏らすことで、国内の期待値をぐんと上げ、結果的に交渉にダメージを与えるオペレーションだったわけですね。

佐藤　そうです。「メモランダム」を持っているのはごく数人しかいませんでした。僕もその時はサハリンにいたので持っていなかった。記事を見て、当時の川島裕事務次官のところへ善後策を相談しに行ったら、「そんなもの、『結果誤報』にすればいいじゃないか」と言うわけです。つまり、朝日新聞に抜かれたメモランダムの文言や順番を変えて、全く別の文章に仕立ててしまう。あたかも、記者が情報レベルの低い中間段階の文書を摑まされ、最終確認を怠ったかのような印象を作り上げてしまうのです。こちらの目論見は当たり、結果的に記事は大変な誤報だということになって、その記者から私はずいぶん恨まれました（笑）。基本的に、極秘文書は入手してもいいけれど、報じたら誤報にされる危険性があることを、メディアの皆さんは肝に銘じておくべきです（笑）。

手嶋　では、拉致問題に関する〝期待値〟上げオペレーションを仕掛けたのは誰だったのか。北朝鮮側は今度の交渉で日本から経済援助を引き出そうとしているのですから、期待値は低いほうがいいはずです。日本側だって国民の失望は買いたくない。

佐藤　だから僕は「第三国」だと見立てているんです。手嶋さんの言うように、期待値を高めることは明らかに北朝鮮と日本の利益に反しています。一方で日本政府のなかに情報を流した者がいれば、いまの官邸なら必ず犯人を探し出すでしょう。当事者は限られていますから。でなければ、総理によほど近くにいる人物です。そう考えると、やはりこれは「第三国」ではないかと思えるんですよ。証拠があるわけではありませんが、アメリカ政府の可能性が高いと踏んでいます。

手嶋 なるほど、それが佐藤さんの読み筋ですか。「日朝合意」は、核・ミサイル問題を軽視しているとアメリカは疑念を募らせています。オバマ政権が推し進める対北朝鮮外交と路線を異にする側面は否めません。

佐藤 「スクープ」した日経のベテラン記者も、官邸に食い込みながら、アメリカとも関係が深い。この報道が出た時に菅官房長官は激怒していましたが、常日頃情報をもらったりもしているから、その記者を出入り禁止にしたり、締め上げたりということはできないんじゃないでしょうか。

手嶋 いずれにせよ、この問題に関する安倍さんのトーンも、「日朝合意」をまとめた頃と比べると全体的にトーンが下がってきていますね。

佐藤 そう、このオペレーションが、すごく効いている証拠なんですよ。

手嶋　「〝期待値〟上げオペレーション」が発動されて効果があるのは、それだけ拉致被害者の真相究明に国民の期待が高まっているからですが、再調査の結果、何もサプライズがないのでは話になりません。北朝鮮もいくつかの「玉」は隠し持っているはずです。しかし拉致問題の象徴的存在である横田めぐみさんをはじめ、小泉政権時代の調査で「死亡した」とされている人たちの動静はなんとしても明らかにすべきです。でも「あまり大きなサプライズを期待しないでほしい」という声が官邸筋から聞こえてきます。

佐藤　同様のメッセージを、北朝鮮側も流しています。意外にも、こうした重要局面で実態とかけ離れた情報は、彼らも流したりはしないものなのです。実際のところ、曽我ひとみさんのように日本政府が把握していない拉致被害者が見つかる可能性はあると思います。が、はっきり言って日本の人たちの期待を十分満たすほどのカードは、北朝鮮の引き出しにないのではと思います。とはいえ、今回、北朝鮮が死亡情報などを出しても、それを一〇〇％真に受ける必要などありません。

手嶋　二〇一四年一〇月末に、伊原純一アジア大洋州局長を団長とする訪朝団が平壌を訪れたのですが、具体的な成果はなく、交渉が滞っていることが明らかになりました。遺訓政治を復活させようとする勢力が反撃に出ているのかもしれません。

佐藤　拉致問題を考えるとき、最近、僕の頭にはソ連の秘密議定書をめぐる「事件」が浮かんでくるんです。一九三九年八月にヒトラーとスターリンが、独ソ不可侵条約を結びました。いわゆる「悪魔の盟約」です。実はこの条約と同時に秘密議定書が交わされ、東欧諸国の勢力範囲を取り決めていたのです。ところが、ソ連政府は長年その存在を否定し続けました。ソ連時代末期のゴルバチョフ政権は、グラスノスチ（情報公開）を掲げて登場しながら、問題の秘密議定書については、果たして存在するのか否か、曖昧な態度に終始しました。最初は「存在しない」としながら、再調査の結果、存在自体は認めたものの、「原文はとうとう見つからなかった」と発表しました。ところが、ソ連が崩壊してみると、存在しなかったはずの原文と地図が発見された。あろうことか、ゴルバチョフ大統領の金庫から出てきたんですよ。

手嶋　開明的に見えたゴルバチョフ大統領も、ソ連の国益がかかったぎりぎりの局面では、ソビエト体制の申し子だったわけですね。

佐藤　そうです。その体制にとって不都合な真実の全体像は、一つの体制が崩壊しない限り、なかなか明らかにならない、というのが歴史の教訓なのです。残念ながら拉致問題というのも、この秘密議定書と似たところがあると思います。拉致事件の全体像が見えてくるのは、北朝鮮の体制が完全に崩壊したときなのかもしれません。しかし、だからといって、あきらめるわけにはいかない。国家的犯罪の全貌をぎりぎりまで明らかにし、情報の「歩留まり」を懸命に確保していくべきです。まさしく安倍政権のインテリジェンスの腕が試されていると思います。

日米同盟の密かな危局

手嶋　北朝鮮は、表面をいかに取り繕っても「凍土の独裁国家」なのですから、真相をすべてさらけだすようなことはしないでしょう。しかしいま、安倍政権は懸命に凍りついた岩盤に錐を突き刺そうとし、金正恩体制もわずかながら姿勢を和らげるポーズを示しています。一瞬の油断も許されない状況ですが、長年の拉致問題に決着をつけるラストチャンスです。一方で、それを苦々しく思う国もある。佐藤さんが〝期待値〟上げオペレーションの仕掛け人ではと疑うアメリカもその一つです。

佐藤　「平壌宣言」をある意味ではさらに一歩前へ進めた「日朝合意」を結んだことは、日米同盟にとって大きな火種になる可能性が高いですね。北朝鮮は核実験もやっているのですから、すでにれっきとした核保有国です。そして、気がついてみたら、より核弾頭を小型化し、ミサイルの飛距離をグンとのばして、いまやアメリカの国土の一部を射程に収め始めている。そこまで核開発のフェーズが進んでしまっている。現在は、一トン以下に弾頭を小型化し、まさにアメリカ本土に届く長距離ミサイルを実用化することを最大のテーマにしています。専門家たちは、本気でやれば核弾頭の小型化は技術的に一年程度で完成できると見ている。あとは弾道ミサイルの距離をどこまで延ばすことができるか。そのための開発資金をどのように調達するかです。

手嶋　核ミサイルの開発の兵糧を絶つために、国連の安全保障理事会は、段階的に北朝鮮に対する経済制裁措置を強めてきました。ところが、北朝鮮側もさるもので、中国やマカオの銀行を使って闇資金を調達し、シリアやミャンマーに核関連技術を密かに渡して、ドルだけでなくコメや小麦で対価を受け取り、核ミサイルの開発を続けてきました。核ミサイルこそ「凍土の独裁国家」が手にしている唯一の取引材料なのですから。

佐藤　そのような深刻な状況であるにもかかわらず、日本は北朝鮮への独自の制裁措置を解除するという挙に出ました。分かりやすい例を挙げれば、平壌にいるおばあちゃんから「歯医者さんに行きたいのでぜひ五〇万円送ってくれ」とせがまれたとしましょう。

今回の制裁の緩和措置で送金できるようになります。ところがその五〇万円のうち、実際に歯医者さんで使われるのは五万円だけで、残り四五万円は国家にピンハネされ、弾道ミサイルの開発費用にあてられるかもしれない。たとえ人道目的にせよ、日本から送られた金が核開発へ流れるのを防ぐことなどできませんよ。アメリカ財務省の対テロ担当部局とすれば、「日本はいったい何を考えているんだ」ということになります。

日本政府は、二〇一四年七月一日に集団的自衛権に関する閣議決定を行いました。その過程で、憲法解釈の変更を説明する際、政府はいくつか具体的なケースを示しましたが、例えば、安倍総理が記者会見で使った「邦人輸送中の米輸送艦の防護」に関するパネルのイラストを見ると、明らかに北朝鮮からの攻撃を想定しています。ところが閣議決定の数日後に、北朝鮮への制裁を解除したのですから、アメリカ側が不満をもつのも無理はありません。安倍政権のやっていることの整合性が問われています。

手嶋　佐藤さんがアメリカ財務省のテロ資金取締当局の名を挙げたのはさすがです。ブッシュ共和党政権の時代からそうなのですが、アメリカにとって、北朝鮮の核問題は優先順位が決して高くありませんでした。理由は簡単です。北朝鮮の核ミサイルは米本土に届かなかったからです。愚かなことに、アメリカ側が北朝鮮に甘い態度をとっているうち、ミサイル技術はあっという間に進化してしまいました。核に賭ける北朝鮮の熱意を軽く見ていたんですね。ただ、財務省内に拠点を置くテロ資金を監視する部局だけが危機感を募らせていたのです。ネオコンの拠点でもあったこの部局は、「日朝合意」は日米同盟に亀裂を入れ、対北朝鮮包囲網を弱めてしまうと見ています。確かに安倍政権は危険な地雷原に踏み込んだのです。合意文書を丁寧に読むと「日米関係が揺らぐのもやむなし」という確信犯的な意図も見え隠れしています。

佐藤 たしかに今度の出来事は、単に経済制裁をどうするかといったテクニカルな領域を超えて、日米にとって「共通の価値観」とは何なのか、という根源的な問いが突き付けられています。安倍政権の基本的な価値観にワシントンは疑念を抱き始めている。アメリカは、戦前の大日本帝国と現在の日本国は全く異なる国家であり、現在の日本国とは価値観を共有できているという認識に立って、戦後の同盟関係を維持・運営してきました。北朝鮮やロシアとは、価値観自体が異なるのだ、とね。

手嶋 戦後の日本にとっても、独立宣言の国アメリカと交わした「理念の同盟」であったことは自明のはずでした。戦後日本のいかなる保守政党も、この矩を超えることはしませんでした。

佐藤　「ところが、最近の日本を見ていると、どうも様子がおかしい。うちのアメリカよりもむしろ北朝鮮とかロシアとかという国と安倍さんは波長が合うようにも見える、『日朝ロ』三国同盟でも作ろうとしているんじゃないか」。そんなインテリジェンス・リポートが東京から出始めているように思います。価値観という切り口で考えれば、アメリカにそういう疑念が生まれかねない状況であることに気づくべきでしょうね。

手嶋　安倍政権の中枢にいる人々は、こうした指摘を一笑に付すでしょう。しかし、国際政局で重要なのは、自分がどう考えているかではありません。自分が、そして自分が率いる国が、他国から、とりわけ同盟国からどのように見られているか、なのです。表現を変えて言うなら、鏡に自分の姿がどのようなものとして映っているか。それを客観的に思い描く柔軟な思考が求められているのです。

佐藤　安倍晋三という政治家は、一貫して「戦後レジームからの脱却」をスローガンに掲げています。とりあえず、みんな聞き流してきていますけど、これがレトリックでなく本気であるのなら、相当な危険思想だと言わざるをえません。その意味するところが、「ポツダム宣言受諾」「ミズーリ号上での降伏文書調印」「日本国憲法成立」「サンフランシスコ平和条約の締結」という戦後の一連のプロセスを反古にすることを意味するなら、アメリカならずとも聞き流すわけにはいかないでしょう。わけの分からない輩が無責任に放言しているのならともかく、総理大臣の発言は重い。「綸言汗のごとし」ですからね。

靖国参拝が創り出した「対日包囲網」

手嶋　国際政局を怜悧に読み解く――。戦後の日本は、こうした試みを永らく怠ってきました。政府も、企業も、そしてメディアも、さして自覚することなく、超大国アメリカの傘の下に安んじて身を委ねていたためです。自らの眼と足で情報を集め、錯綜した事態を読み抜き、国家の針路を決めていく営為をさぼっているうちに、すっかり足腰が弱くなってしまった。そのため、東アジアで何か新たな問題が持ちあがると、日本のメディアはすぐに中国の専門家だ、朝鮮半島の専門家だ、ロシアの専門家だ、と話を聞きまわり、さしずめ、佐藤さんなら「プーチン大統領の本音は」と尋ねてよしとする。言うまでもなく、国際情勢を読み解くことは、多次元の方程式を解く業ですから、たとえ当事者の意図が分かったとしても、事態を正確に捉えられるわけではありません。複雑に入り組んだ事態を分析して、近未来を予測する――こうしたインテリジェンス能力では、いまの日本は国際水準から相当遅れをとってしまっています。

佐藤 靖国参拝の問題では、そういう弱点が際立ちましたね。二〇一三年一二月二六日、安倍総理は、第一次安倍内閣で果たせなかった「痛恨事」、靖国神社への参拝に踏み切りました。中国と韓国は当然のように反発しましたが、これは織り込み済でした。

手嶋 そう、安倍内閣が事態を読み間違えた最大の点は、同盟国アメリカの反応でした。冷戦後の東アジアに出現した最重要の外交的な枠組みである六カ国協議の参加国は、アメリカ、中国、日本、ロシア、韓国、北朝鮮です。このなかで最も激烈な「ステートメント」を出したのは、あろうことかアメリカのオバマ政権でした。駐日アメリカ大使館の文書の形で「日本は大切な同盟国であり、友好国である。しかしながら、日本の指導者が近隣諸国との緊張を悪化させるような行動を取ったことに、米国政府は失望している」と明確な安倍批判に踏み切ったのです。ところが、安倍内閣の首脳陣は「現地大使館の声明じゃないか」と高をくくっていた。政府首脳の発言は、いくらオフレコといっても、ただちにワシントンに伝わります。オバマ政権側は、同盟の作法に則って、出先の在外公館の声明の形でその意を静かに伝えようとしたわけですが、安倍官邸の対応をみて文字通り「失望」したのでしょう。一字一句たがえずに「国務省声明」に切り替えてみせました。まさに頭から冷や水を浴びせかけた。安倍政権は声明の〝読み筋〟を誤り、アメリカ側の警告を無視してしまったのです。

佐藤　「失望（disappointed）」という言葉を、「外交的な用法としては、それほど重大な意味はない」ともっともらしく解説する識者もいたのですが、アメリカ政府は、中国に対してもこの言葉を使っているんです。靖国参拝では、日本は、中国と同じ扱いをされたということです。これは、戦後の日米の歴史を見ても異例中の異例です。安倍政権はあまりに鈍感だったと言わざるをえませんね。

手嶋　オバマ政権の高官が、声明を取りまとめたプロセスについても敢えて明らかにしています。これまた異例と言っていい。今回の声明文は、出先の大使館どころか、政権の三首脳、すなわち、オバマ大統領、バイデン副大統領、ケリー国務長官が協議しています。国務省側が用意した原文には、「失望（disappointed）」のくだりは盛り込まれていませんでした。オバマ大統領が「これではダメだ」と言ったのでしょう。そこは汚れ役を引き受けるのが副大統領の役割です。かつて安倍総理に「靖国参拝は控えてほしい」と釘を刺したことがあるバイデン副大統領が自ら筆を執って、「失望（disappointed）」と書き加えた事実を大統領補佐官のひとりが明かしています。

佐藤 この時期の靖国参拝は、東京にいるアメリカのインテリジェンス関係者にとっても、奇襲攻撃だったようですね。

手嶋 「一二・二六」という日付は、日本外交にとって、見逃せない転換点になってしまいました。安倍総理はこの時点までに三十カ国近くを歴訪しています。地球儀にそれらの国々をプロットしてみれば一目瞭然ですが、中国を標的に見立てて、ぐるりと中国を取り囲むように周辺の戦略上の要衝を歴訪しています。レスリングでいえば、中国をターゲットに四の字がための態勢に入っていた。ところが「一二・二六」事件を機に形勢は一挙に逆転し、日本を標的に逆四の字がための態勢に入られてしまったのです。中国と韓国の反発は織り込み済でしたが、アメリカが最も厳しい声明を出して対日批判を展開し、これと同時にロシアも「第二次世界大戦の結果を無にするような行為」という表現でこの戦列に加わり、ＥＵも同調しました。

佐藤 ロシアが同じ日付で声明を出した意味は重要です。アメリカ政府の反応を見ずに対日批判に踏み切ったのですから。もっとも、日ソ中立条約を破棄して旧満州や北方領土に攻め入った国に「第二次世界大戦の結果を無にするような」などと言われる筋合いはありません。日本の外務省も毅然として反論すべきです。

手嶋　自由民主党の首脳のひとりは、「中国では、尖閣国有化の時のような反日デモなんか全く起きてないじゃないですか」と発言しました。およそ賢明とは言えないコメントです。中国の立場になってみれば、国際世論に絶大な影響力を持つアメリカが、日本に最も厳しい見解を表明しただけで十分です。一党独裁に刃が向きかねない危険な反日デモなど組織する必要があるのでしょうか。日本批判の戦列に加わってもらいたかったアメリカが舌鋒鋭く参拝を批判したのですから。外交を率いる総理は、小説家ではありません。自らの決断の結果責任を取らなければいけない立場です。今度の靖国参拝で逆四の字がためにかけられて、国民の日々の暮らしや仕事を危うくする結果を招き、なにより中国を利する結果を招いた責任は重いと言わざるをえません。

佐藤　まったく同感です。これこそがまさしく「痛恨事」なのではないでしょうか。

「排外主義」の害悪と「価値観外交」派の後退

佐藤　この一件を見ても、安倍総理の一種の「鈍感力」には凄まじいものがあります。

ほとんど周りが見えていない。周囲を気にすることなく、あくまで独自判断で東アジア外交を展開しているように見えます。

手嶋 外交の要諦は、相手の意図を読んだうえで、熟慮の末に碁盤にこちらの石を打つことにあるのですから、独りよがりはいけませんね。

佐藤 アメリカは、決して国家のために身を捧げたひとを「英霊」として追悼することに「ノー」と言っているのではありませんよ。それは国家として、国民として、当然だと考えています。しかしながら、あの戦争を美化したり、正義の戦争だったのだ、というような解釈を始めたりするのは、看過すべからざる事態だと警戒しているのです。そういうシグナルを入れ代わり立ち代わり送っているにもかかわらず、正確にメッセージを受け取れていないようです。加えて、総理は、靖国参拝を決行することによって、それを是とする「右」の人たちの不満が収まるだろう、と見ていた節があります。「韓国人は悪だから、みんな殺せ」というようなヘイトスピーチをやっている排外主義者や、あるいは反中派の勢力、さらに一部の反米派まで、「右」を体現する自分が靖国にきちんと行くことで、「右」の跳ね上がりをある程度抑えることができると考え、靖国参拝を正当化した節が窺えます。でも、これまた大きな読み違いでした。

手嶋　確かに、総理が靖国になかなか行こうとしないことに、右派からの圧力はかなり高まっていましたからね。しかし、結果としては、思惑通りには事は運びませんでした。

佐藤　ヘイトスピーチが衰えるようなことはなかった。ああした行動の大きな問題の一つは、韓国でリアルタイムに「見られて」しまうことです。皮肉なことに、韓国語と日本語は親和性がもともと高いうえに、インターネット翻訳のレベルも上がりましたから。例えば、Google 翻訳にかけると、新聞記事だろうがブログ上の悪口だろうが、お互い言葉を知らなくても、日韓双方でちゃんと読めてしまう。英語も中国語も、訳すと意味不明な文章になったりするのですが、こと韓国語についてはほぼ完璧な翻訳の水準です。その分、剝き出しの言葉がぶつかり合って、ヒートアップしやすいのですが。

手嶋　ネット時代の新たな対応が求められているわけです。

佐藤　ヘイトスピーチに代表される「排外主義」については、まっとうな保守派は、日本の国益にとってマイナスだという共通の見解を持っています。ところが、そうした保守派陣営の均衡が崩れてしまったのが、二〇一四年の東京都知事選挙です。あのとき、元航空幕僚長の田母神俊雄候補が六十一万票も獲得しました。田母神さんは選挙後のブログで「日本には中国派の政治家が多数いて、これに対し保守派と言われる政治家がいる。しかし、保守派の大半はアメリカ派である。我が国の政治状況は、中国派とアメリカ派が権力闘争をしているような状況で、日本派の政治家が本当に少ないように思う」と述べ、「今後とも我が国に、日本を取り戻す日本派の政治家が集まる政党を誕生させるために政治運動を展開していきたい」と決意表明をしています。そういう人物がこれほど「健闘」したことで、保守層のなかでも排外主義の勢力が支持されているという認識が広まりました。安倍政権の側も、そう受け取ったでしょう。

安倍政権の不思議なことの一つは、政権内部にどうやら価値観の「ねじれ」があることです。政権には、非常に優れた外交・安全保障ブレーンがついていて、彼らの思想的基軸はまさしく「価値観外交」なんです。すなわち、サンフランシスコ平和条約、ニュールンベルク裁判の底流にある、戦後の国際社会が前提とした普遍的な価値観を日本外交の基本姿勢に据えているわけですね。だから、そうした価値観とは趣を異にする中国やロシアとは一線を画し、時にその姿勢を非難してきた。ところが、少なくとも安倍総理自身は「万邦無比のわが国体」みたいな価値観を振りかざし、政権全体もだんだんそちらの方向に流れていっているように見えます。それがとうとう可視化され、その分水嶺が、あの靖国参拝だったように、私には見えるのです。

手嶋　価値観外交派の主な担い手は、谷内正太郎国家安全保障局長や兼原信克同次長といった人々です。彼らはアメリカのネオコンと親和性が高いのですね。ネオコンの思想的源流に位置するのは、ヘンリー・〝スクープ〟・ジャクソンという民主党上院議員でした。ナチス・ドイツのブーヘンヴァルト強制収容所の解放に立ち会った若き日のジャクソン下院議員（当時）は、言い知れぬ衝撃を受けたといいます。ユダヤ民族が、物理的暴力の最たるものである軍隊を持たなかったゆえに、抹殺されていった現実を目の当たりにして、彼は思想的な改宗を遂げます。民主主義という普遍的な価値観を守り、全体主義の圧政にあえぐ国々に広げていくには、比類なき力を備えていなければと考えるようになります。ここに軍事力を背景にしながら、民主主義という名の普遍的価値をあまねく行きわたらせるネオコン思想が誕生したのです。スクープ・ジャクソンは、米ソの核軍縮交渉にも絶大な影響力を揮い、冷戦の勝利に貢献しました。安倍政権のなかにある二つの潮流は、ともに保守派のそれですが、民主主義を信奉する価値観外交派とサンフランシスコ体制を認めないリビジョニスト、佐藤さんのいう「万邦無比のわが国体」に分かれているのです。

佐藤　ところが、安倍政権内ではこの価値観外交派がいつの間にか後退して、「万邦無比のわが国体」という価値観が蔓延してしまった。安倍官邸の秘書官を束ねる今井尚哉政務秘書官は、総理の靖国参拝をどうにかして止めたいと考え、価値観外交派のリーダーであり、総理の信任が篤い谷内局長に「なんとか総理に思いとどまるよう説得してください」と懇請しました。総理の執務室に入ると、総理は用件を察知していたのでしょう。「谷内さんには、靖国参拝の前日にきちんとお話しするつもりでした」と切り出し、政治家として参拝することをすでに決めたことを伝えたといいます。「靖国に行かれるのでしたら、総理を辞める前日にしてください」と最後の説得を試みましたが、外堀は埋まっていたんですね。安倍外交をあずかる身として、総理の靖国参拝がいかなる結果をもたらすか、ちゃんと見通せていたのでしょうから。

手嶋　総理が「自らの政治決断であり、その結果責任は自分で負う」ということなら、総理に任命された者は、あとは辞任して諫めるほか道はありませんね。価値観外交派が敗北した日、それが「一二・二六事件」でした。

「防空識別圏」とライス発言

手嶋　二〇一三年一一月二三日、中国国防省は、尖閣諸島上空を含む空域に独自の「防空識別圏」を設定しました。日本にとっては不意打ちでした。防空識別圏とは、不審な飛行機などが事前申告なしに近づいてきた場合、戦闘機を緊急発進（スクランブル）させて警告を与えるため、各国が独自に設定する空域のこと。中国政府が通告してきた防空識別エリアは領空より遥かに広大で、日本が設定している防空識別圏と大きく重なりあっていた。なかでも尖閣諸島が双方の識別圏に囲い込まれているのが最大の問題で、軍事衝突を招いてしまう危険が大きく、日本側は中国の措置に強く反発しました。

佐藤　防空識別圏は突如設定されたように見えますが、これにはかなり伏線がある。中国は日本の反発など歯牙にもかけていなかったと言っていい。アメリカがどんな反応を見せるのか、この一点をあらゆる外交チャネルを通じて瀬踏みしていた節が窺われます。

手嶋　中国が防空識別圏の設定を発表する三日前に、オバマ政権のスーザン・ライス国家安全保障担当大統領補佐官がワシントンD.C.で講演しました。そのなかで、彼女は尖閣諸島の主権の帰属に触れ、「アメリカ政府は、日中いずれかの立場もとらない」と明言したのです。オバマ大統領が二〇一三年六月の米中首脳会談で使った同じフレーズ、同じ論理で、尖閣の帰属には立ち入らないと言い切りました。米中首脳会談でのオバマ発言は、ライス補佐官が国務、国防などと調整を済ませて、自ら取りまとめたのですから、同じ内容なのは当然です。このライス発言こそ、中国政府をして防空識別圏の設定に踏み切らせる引き金になったと言っていいでしょう。

佐藤　中国はアメリカの意向をずっと「忖度」していたんでしょうね。そうした流れの中にライス発言があり、北京はそれを一つのシグナルと受け取った。その結果、中国に強硬策をとらせてしまったんです。外交の世界では、「忖度」や「シグナルの出し合い」は重要です。ただ、日本と中国とアメリカのように、それぞれの考えかた、外交の力点が違うと、相手が間違った「忖度」をしてしまうこともあるんです。今回のアメリカのようにシグナルの出し方を誤ってしまうと、防空識別圏のような、われわれが想定しなかった困った事態が起きてしまうわけですよ。

手嶋　佐藤さんの指摘どおり、日米中の「忖度」のレベルが微妙にズレたのでしょう。防空識別圏の発表を受けて、日本政府は日本の民間航空各社に中国に事前通告を提出することを許しませんでした。一方でアメリカ政府は、航行の安全を理由に自国の航空各社が事前通告をすることを認めています。日米の対応の差は歴然としています。

佐藤　それにしても、このライス発言は問題でしたね。戦略眼のなさが際立っています。

手嶋　まったくご指摘の通りです。一九五〇年一月、冷戦外交のアーキテクト（設計者）と言われたディーン・アチソン国務長官が、「アメリカが安全保障上責任を持つのは、フィリピンから沖縄、それに日本列島からアリューシャン列島にいたるラインである。それ以外の地域には責任を持たない」とワシントンで演説しました。世にいう「アチソン・ライン」の設定です。これに従えば、ベトナム半島、台湾、朝鮮半島は、アメリカの防衛範囲の外に置かれてしまいます。その半年後、金日成率いる北朝鮮軍の精鋭七個師団は雪崩を打って三十八度線を越え、朝鮮戦争が勃発しました。ライス発言は、このアチソン発言に匹敵する重大な失言だと思います。

佐藤　現に、防空識別圏の設定後は、近くの空域で中国戦闘機と日米の軍用機との間でニアミスが次々と起こっています。一触即発、本当に危険な事態を招いている。空は海に比べて航空機の速度が速く、海のように自由航行権も認められていないので、格段に危険が高いんです。ウクライナ上空でマレーシア航空機が撃墜された事件を持ち出すまでもなく、リスキーな状況がいまアジアの空で生まれています。その主たる責任を負わなくてはならないのが、他ならぬスーザン・ライス補佐官だということになるわけです。

気乗りしない「国賓」を迎えて

手嶋　そしてオバマ大統領は、「国賓」として初めて日本にやってきました。二〇一四年の四月二三日から二泊三日の滞在でした。日米関係は、靖国参拝、ウクライナ情勢に関する対ロ経済制裁、TPP交渉、さらには日本の対北朝鮮政策など実にさまざまな懸案を抱え、これまでにない不協和音が目立っていました。アメリカ大統領を「国賓」として迎えることで、少しでもわだかまりを和らげたいと日本側は考えていました。

佐藤　にもかかわらず、事前の折衝では、オバマ大統領の滞在日程さえなかなか決まらず、そうこうしているうちに韓国側が猛烈な対米ロビイングを繰り広げて、オバマ歴訪に割り込んでくる事態となりました。訪日を前に、東京とワシントンの間に吹く隙間風はさらに勢いを増してしまいました。

手嶋　一言でいうと、オバマ政権は外交下手なんですね。激烈な大統領選挙を勝ち抜いてホワイトハウスに入るほどの人は、たいていは天性の〝人たらし〟なのですが、バラク・オバマというひとは、どうも人付き合いが不得手なのでしょうね。いまから考えると、ヒラリー・クリントン候補との激戦をよくも勝ち抜いたものだと思います。

佐藤　オバマ大統領が本当に「国賓」として訪日したのか、少なくとも大統領にその意識があったのか、僕にはどうも「括弧付き」に思えましたね。そもそも、天皇皇后両陛下が晩餐会を主催されるにもかかわらず、ファースト・レディであるミシェル・オバマを連れずに単身でやって来たでしょう。

手嶋　当の彼女は少し前、日本への当てつけのように、二人のお嬢さんを伴い北京を訪れ、人民解放軍のスター歌手だった習近平夫人と親しくしていたのとは好対照です。

佐藤　こうしたなか、今度のオバマ訪日で最大の焦点は、アメリカ大統領として尖閣諸島に日米安保条約を適用することをきちんと約束するかどうかでした。

手嶋　確かこのオバマ訪日の三週間ほど前のことだったと思います。安倍内閣の外交・安全保障政策の責任者の一人と話をする機会がありました。「オバマを国賓として招きながら、尖閣諸島への日米安全保障条約第五条の適用を明言させることができなかった場合は、安倍政権の対応を手厳しく批判せざるを得ませんので、あらかじめ言っておきます」と話したのです。そうしたら、この人物は暗い声で「手嶋さん、その指摘なら、あの大統領に言ってください」と答えました。この段階ではまだ、尖閣諸島への安保適用について、オバマ政権から確たる言質をとっていなかったことが判ります。

佐藤 ところが、来日直前になって、オバマ大統領は読売新聞を選んで「紙面インタビュー」に答える形で、「沖縄の尖閣諸島は日本の施政権下にあり、日米安全保障条約第五条の適用範囲内だ」とようやく明言します。

手嶋 この読売への回答を忠実になぞるように、安倍総理との首脳会談でも、尖閣への安保適用をようやく認めています。

佐藤 これほど重大な話が、読売新聞がスクープしたわけでもないのに、最初に日本のメディアで公にされる。不思議といえば不思議ですね。

手嶋 ワシントンでは、こうしたケースでは、有力な報道機関を選んで、単独インタビューに応じるのが通例です。今回は日本のメディアにそんな時間を割くのも無駄と考えて、補佐官が回答を代筆したのか、それとも尖閣の潜在主権について直に質されるのを嫌がったのか、何とも奇妙な対応ですね。

佐藤 前著で詳しく検証しましたが、二〇一三年六月、オバマ大統領は、国家主席に就任してわずか三カ月あまりの習近平氏とアメリカ西海岸の保養地で会談しました。この会談で、オバマは習近平に「アメリカ政府は、領土問題では、どちらかの立場をとらない。日中双方は問題を大きくしないよう対話を続けてほしい」と述べています。

手嶋　尖閣問題は日中間で解決すべきで、第三国であるアメリカは、領土の帰属には立ち入らないと逃げを打ったのです。尖閣諸島が明らかに日本の実効支配下にあるという事実から目を背け、裁判官のような態度に終始した。尖閣諸島に武力侵攻しても、日本の同盟国アメリカは介入しないかもしれないと中国の強硬派に誤ったシグナルを送ってしまう危険を孕《はら》んでいます。

佐藤　尖閣問題では、「施政権」と「潜在主権」に分けて考える必要があります。「現状において、施政権は日本側にあるが、潜在主権についてはあずかり知らない」というのが、アメリカの立場なんです。言い換えれば、「同盟国の施政権が侵されることがあればアメリカは軍事力で守ります。でも尖閣諸島が本来どちらの主権下にあるかについてはあずかり知りません」ということです。

手嶋　オバマ政権はこの二つの言い回しを、時と相手によって使い分けているのが問題なのです。米中首脳会談では、「潜在主権」は日中どちらにあるか、一方の立場を支持しないと発言しながら、「施政権」が日本側にあることには触れなかった。日本側はきちんとオバマ大統領に抗議すべきでしょう。

佐藤 たしかに同盟関係にある日本としては、アメリカの姿勢は非常に脆弱なものに映りますが、国際政治の現実なんてそんなものなんですよ。

手嶋 そうした意味でも、アメリカ政府や上下両院が示している見解を正確に理解しておくことが重要です。アメリカの上下両院は、二〇一四年一月、「国防権限法」の付帯条項として「尖閣問題」に関する見解を議決しています。この付帯条項の中で「尖閣諸島に日本の施政権が及ぶという米国の認識が、第三国による一方的な行動で変更されることはない」と明言し、さらに「米国は、日本の施政権が及ぶ領域が侵略された場合、日米安全保障条約第五条の条約上の義務を持つことを再確認する」とはっきりと述べています。日本の安全保障にとって、過去二、三十年のなかで、最も重要な決議だと言っていいでしょう。中国によって尖閣諸島が侵される事態となれば、アメリカは、沖縄から海兵隊を、横須賀からは空母機動部隊を現地に出動させることを約束しているのですから。

佐藤 寸分の誤解の余地もない明快な決議ですね。ただ、再度繰り返しますが、この決議の前提として、潜在主権が日中いずれにあるかについては、アメリカは関与しないと釘を刺しています。手嶋さんが挙げた「国防権限法」は、アメリカ議会の外交・安全保障についての水準の高さを窺わせるものですね。

手嶋　安全保障の大権は、陸・海・空・海兵の四軍を率いる合衆国大統領に委ねるが、それに先立って戦争に発展しかねない尖閣問題については、上下両院として国防のガイドラインを法律の形であらかじめ示した。有事の場合は、大統領が議会から示されている意向を踏まえて、瞬時の判断を下し、その結果責任をとるというわけです。議会と大統領府のあるべき姿が示されています。

佐藤　あとで詳しく論じますが、安倍内閣は、集団的自衛権の行使を認める閣議決定に踏み切りました。これは閣議決定ですから、基本的に国会の制約を受けませんね。今度の閣議決定に有権者が選んだ議員を介した主権者の声は反映されていません。民主主義を担う日米の議会の力の差は、歴然としていますね。

手嶋　佐藤さんも僕も、「アメリカがよくて日本は悪い」などという論者ではなく、むしろアメリカにはかなり辛口の立場ですが、外交や安全保障にかかわる議員の資質、そして大統領権力に時に抗う立法府の意思の勁《つよ》さは、素直に認めていいと思います。

「価値観」過剰のオバマ

佐藤 安倍総理とオバマ大統領はケミストリーがよくない、言ってみれば馬が合わないとよく言われています。ただ、わが総理のために少しだけ弁解すれば、オバマさんと関係がいい主要国の首脳は殆どいないんですよ。

彼は自らが持つ価値観が自己肥大化し、過剰になってしまった政治家の典型です。そしてアメリカ合衆国は、その誕生の瞬間から深刻な人種問題を抱えてきた国家です。しかし、日本の政治家はそんな国、そんな大統領への理解が浅いと思います。日本は人種構成が相対的にシンプルであるため、人種問題の難しさを洞察するのが不得意なんです。

一方、じつに説得力のある解説を試みたのが、フランスの人口学者のエマニュエル・トッドです。「アメリカの民主主義というのは、ピューリタン（キリスト教の清教徒）たちが持ちこんだ思想である」と指摘したうえで、ピューリタンたちは神から選ばれし人間たちにはたしかに平等を保障しているが、その外側にいる人間、すなわちアメリカの先住民やアフリカから売られてきた黒人奴隷に対してはおよそ無関心なのだ、と鋭いところを衝いています。だからアメリカの民主主義は、あくまでも清教徒の流れを汲むインナーサークルの人々による民主主義であり、外側の人間たちとの間に軋轢を抱えていると喝破しています。

手嶋　アメリカ流のデモクラシーを理解するための古典と言えば、アレクシ・ド・トクヴィルが一八三五年に著した『アメリカの民主政治』を挙げなければいけません。彼がニューイングランドを旅して、目の当たりにした十九世紀前半のアメリカは、清教徒の移民がそれぞれに自立し、見事な「精神の共和国」を創りだしていました。その外縁部にいた人々はトクヴィルの視野に入っていません。しかし、アメリカという国は、移民と黒人奴隷から成る共和国です。独立宣言や合衆国憲法が掲げる理念がすべての人々にあまねく適用されているか否か、この問題はオバマ大統領ならずとも死活的に重要です。

佐藤　オバマは自らの出自からして、その機微を実によくわかっている。だから、自由や平等という民主主義の価値観を共に分かち合うことで、異なる血を引く人々の壁を取り払い、国を一つにまとめていくことに過剰なほどにエネルギーを注いできたわけです。

手嶋　かのリンカーン大統領が、南北戦争で傷ついた祖国を前に「分かれたる家は立つことあたわず」と述べて、合衆国が一つでいることの大切さを訴えたのも、合衆国が分裂を引き起こす遠心力を内包していることを肌で知っていたからでしょう。

佐藤　そういった凄まじい遠心力に晒されている国家を束ねなければならないオバマ大統領にとっては、民主主義の大切さを説きながら、その一方で排外主義を助長しているような行動を取る指導者は、ダブルスタンダードに映るんでしょうね。

手嶋　オバマ大統領の威信は、いまや見る影もないほど落ちています。二〇一四年一一月の中間選挙で、下院に続いて遂に上院でも野党共和党に過半数を奪われたのは、当然の結果でした。しかし、オバマ大統領は、自由と平等の理念を語って人々の魂を揺さぶることにかけては比類なき存在でした。それを認めなければ公正を欠くでしょう。

バラク・オバマという指導者が最も輝いて見えたのは、大統領選挙中の二〇〇八年三月一八日のスピーチでした。盤石の本命候補ヒラリー・クリントンと激戦を繰り広げていたさなか、オバマ陣営をトルネード級のスキャンダルが襲います。シカゴの黒人教会の牧師ジェレミア・ライト師は、バラクとミシェルとの結婚式を司り、二人の愛娘の洗礼もしてもらった「心の師」です。が、あろうことか、このライト師が黒人を長年にわたって迫害してきたとして、「神よ、アメリカを呪いたまえ」と獅子吼する映像がABCに流されたのでした。これによって貧しい白人層が離反してしまえば、すべては終わってしまう。この時、四十代半ばだったオバマ候補は意を決し、激戦地にして独立宣言の地、フィラデルフィアを選んで、「より完璧なる連帯を目指して」と題する演説に臨んだのでした。まさしくオバマvsヒラリー決戦の勝負どころでした。

「私は、奴隷と奴隷所有者の血を受け継ぐ黒人女性と結婚し、そのレガシーを大切な二人の娘たちに託しました。そして私には、あらゆる人種、あらゆる肌の色を持つ兄弟姉妹、姪、甥、叔父、いとこたちがいて、いま三つの大陸に散らばって暮らしています。このアメリカ以外に、私のような物語は地球上のどこにもありえないことを、私は生きている限り決して忘れることはないでしょう」

アメリカ合衆国は、移民と奴隷という二つの出自からなる人々の共和国であるゆえに、自由や平等という民主主義の価値を拠り所に分かちがたく結束していかなければならない。こう訴えて、最大の政治的危機を乗り越え、ホワイトハウス入りを果たしたのでした。安倍総理は、オバマという人物を理解するために、このフィラデルフィア演説の全文をぜひ読んでほしいと思います。

佐藤　オバマは、ある意味ではシンプルで、ダブルスタンダードを弄ぶものへの拒否反応が異常なほど強い。だからプーチン大統領とも波長が合わないんです。

手嶋　ここで付け加えておきたいのですが、移民と黒人奴隷の血を引くアメリカにあって、バラク・オバマは、どちら側の人なのかという点です。オバマは黒人奴隷の血を引いていない。移民の血をひくアメリカ人なのです。お父さんは、ケニアからエリート留学生として、アメリカにやってきたひとですから。ハワイでこのケニア青年は中西部出身の白人の女性と結ばれ、その間に生まれたのがオバマ少年でした。肌の色は黒いのですが、移民の系譜に属しているのです。だからと言って彼が、アメリカの黒人たちの価値観や、差別に耐えてきた苦難に無縁だったというわけではありません。この人は成長しながら、意図して黒人的なるものを身に着けていった特異な存在なのです。いわば後天的に「アメリカの黒人」になったと言ってもいいでしょう。コロンビア大学を卒業したあと、決意して彼の「約束の地」、シカゴ郊外の凄まじいばかりの黒人貧困地帯に分け入り、そこから政治家への出発を果たしたのです。

佐藤　オバマさんは黒人奴隷の血を引くミシェルさんと結婚し、二人の娘の父親になった。そして、大統領選挙では、父親が中古車のセールスマンをしていた、いわばプア・ホワイトの出身であるジョー・バイデンさんを副大統領にして、幅広い支持の掘り起こしに成功したんですね。

手嶋 つまり、オバマ大統領、そしてオバマ政権を相手にするときには、アメリカ流の民主主義、それを形づくっている理念、自由や平等という価値観を理解することが非常に重要だということです。その価値観に全面的に賛同するかどうかとは別に、相手への理解は外交の礎です。毛沢東と交渉するのに、彼が農民革命の申し子であることをわきまえておくのと同じです。いまの安倍官邸は、その点で感受性に欠けています。そして、アメリカ側と対話する土台となる共通の価値観を軽く見ていることが、日米同盟の基盤を弱めてしまっています。アメリカの基本的な価値観と真っ向からぶつかる靖国参拝に踏み切るにあたって、自ら政権の最右派だと言って憚らない首相補佐官を訪米させている。本人は「アメリカの要路に根回しをしてきましたが、だいたい理解を得られたと思う」と自信のほどを覗かせていましたが、アメリカ側が理解を示すなどありえない。官邸の情報収集機能は大丈夫なのかと心配になりました。

佐藤 アメリカ側の警告を軽視するという、愚かな間違いを犯した背景には、「合衆国」という理念の共和国が持つ価値観への根本的な理解が欠如しているように思います。安倍政権には、意識的な振舞いの部分だけではなく、そういう無意識の言動の怖さが見え隠れするんですよね。

第四章　集団的自衛権が抱えるトラウマ

安倍総理と岸家の「深い傷」

手嶋　安倍晋三総理の強い意向を受けて、日本の安全保障論議の中心テーマだった集団的自衛権の行使が戦後初めて国家の現実的な選択肢となりました。集団的自衛権とは、日本と密接な関係にある外国が武力攻撃を受けた場合、日本は直接攻撃を受けていないにもかかわらず、武力を使って攻撃を阻止する権利をいいます。

具体的な例でお話ししましょう。尖閣諸島に向けて中国海軍の空母機動部隊が上陸の構えを見せている事態を受けて、アメリカ海軍の機動部隊とそれを護衛する日本のイージス艦が現場に急行したと想定します。中国艦艇の艦対艦ミサイルがアメリカの機動部隊に向けて発射された時、日本のイージス艦が同盟国たるアメリカの艦艇を守るため、ミサイル攻撃でこれを阻止する権利を意味します。日本も個別的自衛権だけでなく、こうした集団的自衛権を持つことは、主権国家として当然の権利です。しかし戦後一貫して内閣法制局は「個別的自衛権の行使は認められているが、集団的自衛権は、憲法九条で認められた自衛の範囲を超えるものであり、許されない」という独自の解釈を国会で示してきました。

二〇一四年の七月一日、安倍内閣は、こうした従来の憲法解釈を変えて、集団的自衛権の行使は可能だという見解を閣議で決定しました。これでいよいよ日本は戦争に突き進むと心配する人々もいて、安倍内閣の支持率に一時陰りが生じました。安倍総理をここまで集団的自衛権の行使に突き動かしたものは何だったとみていますか。

佐藤　「二つのトラウマ」が重なり合って起きた現象だと思います。

一つ目は、総理の祖父・岸信介という政治家が抱えていたトラウマです。一九六〇年の新「日米安全保障条約」で十分な双務性を担保できなかったという無念の思いがあるんだと思います。安倍総理もそのトラウマをそっくり引き継いでいる。

手嶋　いま「双務性」というキーワードが出ましたが、詳しい内容に立ち入る前に、まず日米安保体制にまつわる「双務性の政治学」について簡潔に触れておきましょう。

岸信介という政治家は、日米開戦時の東条内閣の商工大臣であり、戦前は満州国を舞台にした革新官僚でもありました。戦後はA級戦犯容疑で巣鴨プリズンに収監されます。獄中にいたにもかかわらず、国際情勢が次第に本格的な米ソ冷戦へと移り始めていることを察知したのでしょう。アメリカの占領当局ともしたたかに渡り合って、左翼勢力が台頭するなかで保守政治家の存在価値を巧みに説いて巣鴨から解き放たれます。戦前の経歴をみれば当然ながら岸信介は反米ナショナリストであったわけです。日本がアメリカの占領下から独立すると政界に復帰し、瞬く間に総理の座に駆けあがります。

ところが、サンフランシスコ平和条約の締結と同時に結ばれた旧「日米安保条約」は、日本の各地に米軍基地を提供する義務を日本に負わせながら、アメリカには日本を防衛する条約上の義務を課していない一種の不平等条約でした。岸信介はこれに強い不満を抱き、日本が真正の独立国になったうえは、日米安保条約も双務的であるべきだと考えたのです。そして国内の反対を押し切り、アメリカ側が果たして改定に応じるか定かでないなか、政治的リスクを冒して安保改定に着手したのです。豪胆な政治決断です。

日本側による在日米軍基地の提供とアメリカ側による対日防衛義務の約束。これは双務性のいわば「フェーズⅠ」です。岸信介という保守政治家は、日本が再軍備を果たして真の国家主権を取り戻し、アメリカ軍と共に東側陣営に対抗する西側同盟の一翼を担う双務性の「フェーズⅡ」まで視野に入れていたのでしょう。その政治姿勢は筋が通っていました。

佐藤　手嶋さんのおっしゃるとおりだと思います。しかし、当時はまだ日本国内にはパシフィズム（絶対平和主義）の空気が色濃く、手嶋さんが指摘した双務性の「フェーズⅡ」は実現できなかった。日米がより対等な双務性へと歩む道は遠かった。岸信介の政治信条からすると、新安保条約は不本意なものだったんです。本当に望んだ条約じゃないという思いが残ったんですね。しかも、アメリカ側に対日防衛義務の明記を呑ませたのに対米追従という批判を浴び、国会や首相官邸が連日デモ隊に囲まれ、混乱の中で死傷者まで出し、退陣に追い込まれてしまった。岸、安倍家には深いトラウマが刻まれてしまったはずです。これが一つ目のトラウマです。

そうした無念の思いが安倍総理の「戦後レジームからの脱却」というテーゼに表われています。そんな安倍総理に何かの機会を捉えて、集団的自衛権の行使に踏みだすことこそ、真の意味での日米の対等性、手嶋さんのいう双務性の「フェーズⅡ」を実現する象徴的なテーマだと囁いた悪い奴らがいたんですよ、きっと。

手嶋　第一次安倍内閣で挫折を味わっている安倍総理としては、衆参の選挙に大勝したいまこそ、その時と思ったのでしょう。

佐藤　「いま集団的自衛権の見直しに着手しておけば、小さく生んで大きく育てることができますよ」と意見具申をした奴らがいたと私は見ています。「集団的自衛権」という言葉さえ入れておけば、やがてそこに言霊が宿る——そんな〝言霊信仰〟に取り憑かれたんです。

湾岸戦争の「敗北」

手嶋　それでは二つ目のトラウマはなんだったのでしょう。

佐藤　私の古巣になりますが、いま安倍内閣を支えている外務省の連中が抱えるトラウマです。一九九一年の湾岸戦争という突然の嵐に見舞われて日本外交は無惨な姿をさらけ出しました。外務官僚がこの時受けたトラウマはいまだに癒えていないんですよ。わが心の傷を安倍総理の傷にすり替えた悪知恵の働く奴がいたはずです。あの時、外務官僚が受けた衝撃は、まさに手嶋さんご自身がノンフィクションとして『一九九一年　日本の敗北』で怜悧な記録を残されていますよね。のちに題を改めて『外交敗戦―130億ドルは砂に消えた』となって新潮文庫に収録され、いまも外交官の必読書です。まさしく一三〇億ドルが白紙小切手として多国籍軍に拠出され、誰からも感謝されなかった。むしろ顰蹙すら買ってしまった。こういった事態は、二度と繰り返したくないと思ったんですよ。だから安倍さんが集団的自衛権を言い始めたこの機会を外務官僚は千載一遇のチャンスと捉えたということでしょう。

手嶋　湾岸戦争で日本が蒙った惨めな敗北は忘れられてはなりません。しかし、あの敗戦訓を引いて、いまの集団的自衛権の見直し論議に援用するのは賛成しかねます。

佐藤　まず、一九九一年、何がこの国を見舞ったのか、外交現場の目撃者として説明していただけるとありがたいです。

手嶋　あの屈辱の朝をいまも忘れない――。ワシントンに在勤していた日本の公使はこう述懐しています。多国籍軍がクウェートからイラク軍を駆逐した一九九一年三月一一日、ワシントン郊外の自宅で「ワシントン・ポスト」紙を広げて、わが目を疑ったといいます。在ワシントンのクウェート大使館は「ワシントン・ポスト」などの有力紙に全面広告を掲載し、クウェートの国旗を颯爽とひるがえしたイラストに「ありがとう、アメリカ。そしてグローバル・ファミリーの国々」と大きな活字が躍っていた。クウェートの主権回復に貢献のあった三十カ国の名前が列挙されていたのですが、ＪＡＰＡＮの文字はどこにもなかったのです。湾岸戦争の戦費交渉に携わったこの公使は、大使館に出勤するやクウェート大使館に抗議の電話を入れたといいます。

「日本は、憲法上の制約から、たしかに軍隊は送っていないが、西側主要国では唯一増税までして総額一三〇億ドルにものぼる巨額の財政貢献をした。サウジアラビアのような当事国を除けば、群を抜く第一位の貢献国になぜ謝意を表さないのですか」

だが、クウェート大使館の答えは、意図してリストから落としたわけじゃないという要領を得ないものだったと言います。

「湾岸戦争の財政貢献は、誰からも感謝されず、評価もされなかった。町内会のお祭りでも、神輿もかつがず、手伝いもしない金持ちの家が必ずあるものです。そういう家ほど、すべてを喜捨で済まそうとする」

金で事を済ませる外交の不毛を嘆いたこの言葉は、日本の外交官すべての気持ちをあらわしたものでした。

湾岸戦争では、日本からの資金なくして湾岸に五十万余の兵力が展開することは難しく、中東の秩序回復に少なからぬ貢献をしたはずです。しかし、私の文庫本のサブタイトルにあるように、日本からの財政支援は国際社会から全くといっていいほど顧られることなく、砂漠に消えていったのでした。一三〇億ドルはさながら「金」の葬列でした。

佐藤　血も流さず、汗も流さず、カネですべてを済まそうとする。国際社会から浴びた批判のトラウマの深さは、あの当時、北米局や条約局などの担当部局や、アメリカなど在外の大使館に勤務していた者だけでなく、外務省全体に共有されていました。もっとも外務官僚以外の人に、この屈辱の思いはちょっと想像できないかもしれませんね。だからといって、湾岸戦争の苦い教訓を集団的自衛権の行使を容認させる道具に安易に援用していいはずがありませんよ。

手嶋　国家が国民の税金を国際貢献に差し出すのは決して蔑まれることではありません。その一方で、人的な国際貢献策は多様であるべきです。軍事力の行使に向けて選択肢を広げる、それだけに重きを置くことには慎重であるべきです。「将軍は常に昨日の戦争を戦う」という言葉があります。過去に参加した戦いの体験から抜け出せないまま、目の前の戦争を戦ってしまうことを戒めた箴言です。

佐藤　政治家や外交官も例外じゃありません。外交官もつい昨日の経験をもとに眼前で起きている事態に対処しようとするものなんです。

手嶋　確かに湾岸戦争というのは、超大国アメリカにとって、いかなる戦いより揺るぎない大義に支えられたものでした。ベルリンの壁が崩れた直後に、イラクのサダム・フセイン軍は突如として隣国クウェートに侵攻しました。国連憲章の精神を踏みにじり、あらゆる国際法規に反した行為です。こうした圧倒的な不正義を前に、アメリカは国連安保理の決議をきれいに取り付け、多国籍軍を編成して湾岸諸国に進駐していきました。

佐藤　旧ソ連のゴルバチョフ・シュワルナゼ体制も異を唱えませんでした。ソ連が崩壊過程に入っていたので、中東にまで手を伸ばす余裕がなかったのでしょう。ポーランドなど東欧社会主義諸国の一部も多国籍軍に軍を送ったほどでしたから。

手嶋　ところが、当時の日本は、国連のＰＫＯ（平和維持活動）に参加する法的な備えひとつありませんでした。そしてなにより、各国の小学生すら怒らせるほどの不正義を前にして、日本だけが国家として行動する備えがなく、人々にも心の備えがなかったのです。

佐藤　あのとき外務省のなかでは、われわれはサラ金業者のように扱われているじゃないかという不満が渦巻いていたんです。サラ金も銀行も、見た目は同じようにキャッシュディスペンサーを備えているが、世間の扱いは全然違いますからね。実態はむしろサラ金っていうより闇金みたいな扱いをされていたのだと思います。あれはやっぱり外務官僚の心のなかに本当に強いトラウマとして傷跡を残していますよ。

「あてはめ」という魔術

手嶋　湾岸戦争で多国籍軍への参加を求められた日本政府は、何とか自衛隊を海外に派遣できないかと急きょ検討を重ねました。日本の同盟国であるアメリカが、国家の威信を賭けて多国籍軍を編成し、その中核を担っていました。ですから、この時点で集団的自衛権の行使が憲法の解釈上もし認められていれば、日本と密接な関係にある同盟国アメリカの軍隊を支援するため、自衛隊を海外に派遣することも可能だったのかもしれません。しかし、内閣法制局は、従来の国会答弁の積み重ねを持ち出し、「否」と頑として首を縦に振りませんでした。

佐藤　外務官僚にとっては、ひどい負け戦でしたから、皆この時の議論をよく覚えています。だから、第二次安倍内閣が出現したことを絶好の機会と捉え、何とか内閣法制局を押し切って硬直した現状を変えられないかと思案を巡らせたんですよ。その結果、集団的自衛権、個別的自衛権と区別して論じることをこの際やめにして、基本的に自衛権は一つと捉えてみてはどうだろうと考えた。安全保障の概念をポスト冷戦の時代にふさわしいものに組み直し、地球の裏側までも自衛隊が行けるようにしたいと。

手嶋　そのためには、内閣法制局を包囲し、制圧しなければならなかった。そこで安倍総理が断行した最重要の人事が、内閣法制局長官の更迭です。後任には小松一郎氏を充てることだったのです。前著の『知の武装』でもこの人事が持つ意味を詳しく解説しましたが、ここで簡潔におさらいしておきましょう。小松一郎氏は外務省の国際法局長や駐仏大使を歴任した、いわば条約官僚の代表格のひとりです。第一次安倍内閣では首相の私的諮問機関、いわゆる安保法制懇の事務局を率いました。そして集団的自衛権の行使に道を拓くべく動いて、安倍総理の篤い信任を受けた人物です。法制局の長官は内部からというのが不文律でしたから、この人事は霞が関を驚かせました。これによって内閣法制局長官の座を逐われた旧通産省出身の官僚には、外務省ＯＢ枠の最高裁判事のポストを譲るなどして周到な布石が打たれました。

佐藤　安倍官邸も外務省もこの人事を勝負どころと見たのでしょうね。

手嶋　外交官として初めて内閣法制局長官のポストに就いた故小松一郎氏の評価は、安倍官邸では飛び抜けて高かった。集団的自衛権の行使に道を拓いて、その途上でいわば名誉の戦死を遂げたのですから。この人事を演出した谷内正太郎・国家安全保障局長も「小松君というひとがいなければ集団的自衛権の見直しはできなかったろう」とその死を悼んでいます。それを裏付けるように、安倍総理も入院中だった小松長官を自ら見舞っていました。なぜ、これほどまでの評価を受けているのでしょう。第一次安倍内閣のときには、内閣法制局の堅城をついに抜くことができず、当時の内閣法制局長官も次長も、もし憲法解釈を変えるなら辞職すると一歩も譲りませんでした。ところが第二次安倍内閣では、小松一郎法制局長官が獅子奮迅の働きをして法制局の官僚たちの叛乱を見事に抑え込んでみせたからです。

佐藤　安倍政権の側からみれば、確かに叛乱をぴたりと制圧してくれた。しかし抑え込まれた側からすると、自分たちは少しも変節していないと傲然としていますよ。

手嶋　鋭いなあ、官僚の内在論理に通じていなければ、その機微は見えてこないんです。ひとことでいえば、小松長官は「別にあなた方が間違ったわけじゃない」と言いくるめることで、難所を乗り切り、辞職を封じてしまったということです。

佐藤　従来あなた方が国会で答弁してきた見解は誤りでした——内閣法制局としては、こう言われる事態だけは断じて避けたい。そこで、小松長官は、「いや、あなた方が答弁してきたことは別に間違いじゃなかった。ただ、日本を取り巻く環境、客観情勢がすっかり様変わりしてしまったのですから、ここは個別的自衛権、あちらは集団的自衛権と言ってきたこれまでの見解を整理してみましょう」と言葉巧みに説得したという訳です。

手嶋　日本を取り巻く安全保障環境が厳しさを増すなかで、実際に武力行使を強いられる事態も現実味を帯びてきている。そういう現状を踏まえて、お互い、新たな方向を探っていきましょうと持ちかけたのです。

佐藤　いやあ、したたかだなあ。小松さんらしいですね。それによって、個別的自衛権と集団的自衛権の境界を曖昧なものにして、将来自衛権という一つの概念に包摂してしまおうという意図が浮かび上がってきますね。

手嶋　小松長官は早くから自身の身体が病魔に冒されていることを自覚していましたから、法制局次長には「自分はこのポストを長くやるつもりはない。あとはあなた方に喜んで委ねるつもりだ」と漏らし、警戒心を少しずつ解いていきました。人事は官僚を動かす決め手ですから。

佐藤　官僚という生き物の心理と行動を知り抜いた者が打った布石です。首都大学東京に木村草太さんという頭のすごく切れる若手学者がいます。彼は一九八〇年生まれ、東京大学を卒業して、大学院に進まずにすぐ助手に採用されている。一番のエリートコースです。そして二十六歳から准教授をやっています。憲法学者として彼は、政府がこれまでの憲法解釈を変更し、集団的自衛権の領域に足を踏み入れたものではないことが一連の国会審議を通じて明らかになったと断じています。閣議決定で「集団的自衛権」と呼んでいるものは、実は個別的自衛権と集団的自衛権が重複する領域にある事象だと指摘しています。

手嶋　こういうアバンギャルドな若い論客が出てくるとは頼もしいですね。国際法の解釈が絡んでくると、学者は不思議なほど条約官僚のご託宣に従ってしまいがちなのですが、切れ味のいい見立てだなあ。

佐藤　この若手の憲法学者によれば、政府は二つの自衛権が微妙に重なり合うケースを必死になって探し出したと喝破しています。それらを寄せ集め、かなり無理をして「集団的自衛権」と呼んでいるだけだと。実際はこれまでの個別的自衛権の範囲を超えるものではない。それが明確になったのが、参議院予算委員会の集中審議での、小松さんの後任である横畠裕介・内閣法制局長官の答弁だというんです。福山哲郎・参議院議員が「政府が憲法解釈を変更するのは、戦後二度目のことか」と問いただすと、横畠長官は「法令の解釈はあてはめの問題だが、その意味で変更があったのかということならば一部変更したということだ」と答弁した。木村准教授はこれを「横畠長官の職人技の光るものだった」と褒めています。

手嶋　木村准教授はここで「あてはめ」というキーワードを持ち出していますね。

佐藤　これは法律学者に向けた発言だと断ったうえで、政府が集団的自衛権を行使できる事例として持ち出してきたものは、いずれも法令解釈の「あてはめ」の問題に過ぎないと横畠長官はいうのです。集団的自衛権の行使と見ることもできるが、従来の個別的自衛権の枠内で武力行使が可能な事例と見ることもできる。つまり、現実には、個別的自衛権と集団的自衛権が重複する部分がある。そんな事例ばかりを集めているというのです。それをあえて集団的自衛権の側に「あてはめ」るのであれば、戦後二度目の憲法解釈の変更といっても言えないことはないが、それはどちらでもいいというのが横畠答弁だと見立てています。

手嶋　「法律家に向けた発言だ」といっているくだりは意味深長ですね。

佐藤　そう、横畠答弁は「法律家に向けて隠語的な意味で発信したのだ」と木村准教授は指摘しています。これは鋭い見方だと思いますね。

手嶋　日米の安全保障の現場にながく身を置いてきたジャーナリストの立場からいえば、個別的自衛権と集団的自衛権が重なり合っているケースだと条約官僚が挙げているのは、考え抜かれた巧妙な例と言わざるを得ませんね。朝鮮半島の有事が勃発し、海上自衛隊の艦艇が共同作戦行動をとってアメリカの艦艇と並走していた。隣のアメリカの艦艇が北朝鮮軍から対艦ミサイルで攻撃を受けた時、日本の護衛艦は武力行使をしてアメリカの艦艇を守ることができるか——。横畠長官の用語法に従って「あてはめ」てみれば、これは個別的自衛権の範囲とみることもできれば、集団的自衛権の行使とみなすこともできる、重なり合う部分なのです。しかも、朝鮮半島の有事なら抵抗も少ない。

佐藤　まさしくグレーゾーン、二つの集合の円が重なり合った部分です。

手嶋　従来の内閣法制局も、こうしたグレーゾーンでの武力行使をすべて頑なに憲法違反と断じていたわけではありません。外務省と内閣法制局の間に入って、小松長官は何とか折り合いをつけようとしたのです。もっとも、アメリカの艦艇が眼前で攻撃されているのに、憲法の解釈では——などと言い訳をしているうちに、アメリカの艦艇が撃沈されてしまった、と想定してみてください。アメリカの国内からは囂々たる非難の嵐が巻き起こり、日米の安保体制はそれこそサドンデス（突然の死）を迎えてしまいます。ですから私は以前からこうしたケースは、国際社会の健全な常識で判断すべきだと言ってきました。譬えてみれば、隣の家の子と近所の公園を散歩していて、この子が暴漢に襲われた。この子を守ってやる法的な義務はないかもしれませんが、もし助けを求める子を置き去りにして逃げ出したらと考えてください。もうその地域コミュニティには住めなくなってしまいます。

佐藤　法制官僚もそのことはわかっていたと思います。ただ、過去の国会答弁と照らし合わせて、前言を撤回するかといわれれば抵抗せざるを得ない。何とか顔を立ててくれれば折り合ってもいいというのが本音だったのですよ。

手嶋　さしもの安倍総理も、今すぐにハワイ防衛に海上自衛隊のイージス艦隊を派遣するとは言っていないわけですから、この程度のことなら何故大上段に振りかぶってという気がします。大山鳴動して鼠一匹ですからね。岸、安倍家のトラウマを乗り超えるためとはいえ、高い内閣支持率を一時は危険にさらしたのですから割にあいません。

佐藤　これほど政治的にコストをかけるのではとても帳尻があいませんよ。

手嶋　日米同盟に埋め込まれている不均衡を改め、双務的なものにしたい。そのための風穴を小さくてもいいから開けておきたいと考えたのでしょう。総理の側近が「これでひとまず風穴が開きましたね」と言ったところ、総理は深く頷いたといいます。

佐藤　裏返して言うと、この風穴をもっと大きくしようという勢力と、固定もしくは狭めようという勢力の間で、今後、激しい綱引きが行われると思います。

「条約解釈」という大権

手嶋　集団的自衛権の行使容認を巡る今回の論議では、外務省の主流を担っていた条約官僚と呼ばれる一群の動向が重要なファクターになっています。彼らが「条約の有権解釈権」という伝家の宝刀を握っているからにほかなりません。各国と結ぶ条約、国際的な多国間協定、各国との口頭了解など一連の国際約束については、もっぱら外務省の条約関係部局に解釈権があると外務省設置法には明記されています。これを拠り所に、いわゆる条約官僚が、こと国際法や国際協定の解釈に絶大な権限を揮ってきたのです。戦後の日本社会の支配者はといえば、旧大蔵官僚、現在の財務官僚でしょう。彼らは財政統帥権とでも呼ぶべき権限を背景に日本社会に君臨してきたと言っていい。予算編成権、徴税権、国債発行権といったさまざまな権力をほしいままにしてきました。これに対抗できる武器といえば、外務省が持つ条約の有権解釈権くらいでしょう。

佐藤　確かに、外務省が握っている大権は、国際条約の解釈権なるものなんですが、条約官僚は自分たちの都合で、その権力を恣意的に使い分けるんですよ。

手嶋　いま目の前にいる佐藤優さんこそ、その犠牲者ということになりますね。佐藤さんは二〇〇二年五月に背任容疑で東京地検特捜部に逮捕されました。じつはこれは外務省が握る国際約束の有権解釈権、その病根が端的に表れた事件だったのです。簡潔に事件の概要を振り返ってみましょう。佐藤さん、いいですね。

佐藤　お願いします。あの事件から十数年が経とうとしていますから、若い方々に何があったのか、手嶋さんから公正に紹介してもらうのは、むしろ望むところです。

手嶋　事件の発端はイスラエルのテルアビブで開かれたロシア関係の国際学会でした。そこへ派遣する代表団の費用を不正に支出させ、国に三三五〇万円の損害を与えたというものです。そして判決では、この国際学会への支出は、対ロ支援の国際協定に違反しているというものでした。条約や協定などの「有権解釈権」は、外務省の条約局にあるのですが、協定の範囲内で支出ができると判断を下していました。外務事務次官、条約局長、条約課長らが決裁の書類に署名をしています。にもかかわらず、裁判所は「協定に違反」と判決に明記しています。しかし、なぜ「協定違反」と判断したのか、説得力のある説明はありません。外務省の有権解釈権の威力を知る者として、私は協定違反なら罪に問われるべきは担当の事務官ではなく、支出を適法と判断した外務省の首脳陣でなければならないと一貫して述べてきました。当時、条約局長であり、事務次官を経て現在、国家安全保障局長の重責を担う谷内正太郎氏です。このように首脳陣が決議した基準に沿って実務を行った人間が罪に問われるなら、そんな国家に勤める役人など一人もいなくなってしまうでしょう。

佐藤　さらに付け加えて言うと、問題の決裁書は私が起案した訳じゃない。私は相議（協議）先の国際情報局に所属する専門家として署名しただけですからね。決裁書はそもそも欧州局で起案したものです。東郷和彦・欧州局長のもとで、のちに私と一緒に逮捕される、欧州局ロシア支援室の課長補佐が起案したわけですから。

手嶋　国際約束の解釈権は圧倒的なもので、条約官僚が取り仕切る一元的な体系っていうのは、ずいぶん住み心地のいい世界なんですね。

佐藤　手嶋さん、これはやっぱり国体の護持という戦前から連綿と続いている思想が背景にあるわけですよ。要するに、日米安保条約というものが、戦後の象徴天皇制を担保するところの根源になっている。だからこそ、日米安保条約こそ外務官僚にとって、象徴天皇制を護持する最重要の装置だという考えがあるんだと思います。

手嶋　いまの若い方々からすると、佐藤さんの見立ては、なんともおどろおどろしいものと感じるかもしれません。でも、占領期の、そして独立間もない日本の状況を思い返すと、戦後も天皇制が維持できるかどうか、実に危うい綱渡りだった。これが歴史の実相でした。外務官僚が、日米安保条約を一つの拠り所に、象徴天皇制を、つまり国体を護持しようとしたという指摘は頷けます。その代表的な外務官僚のひとりが、戦前はアメリカを担当した「インテリジェンス・マスター」でもあった、日米開戦直前の機密公電に暗号名として登場する「マリコ」の父、寺崎英成です。戦後は占領軍と渡り合って、昭和天皇が戦犯として訴追されるのを免れるため、精力的にGHQ工作を繰り広げました。

佐藤　まず日本文が見つかり、ついで英文も見つかった『昭和天皇独白録』（文春文庫）

は、まさしく東京裁判への備えとして編まれたものでした。

手嶋　やはり寺崎英成は最後まで皇室の藩屏であり続けたのでしょう。

佐藤　寺崎さんだけでなく、外務官僚でそういう自己意識を持つ人は少なくないと思います。私は吉野文六さんという戦前、戦後を代表する外交官のひとりだった人について本（『私が最も尊敬する外交官　ナチス・ドイツの崩壊を目撃した吉野文六』）を出したのですが、彼は戦前、高等文官試験の外交科と法律科と行政科の試験すべてに合格した。それでどこに行こうかと思っていると、父親（弁護士）が外交官になれって言ったそうです。外務省には親任官が一番多いからというのがその理由でした。

手嶋　戦前の官僚制度では、親任官は天皇陛下から直接に任じられる高等文官ですね。

佐藤　そう、つまりは天皇との距離が近いっていうことなんです。ここのところが、やっぱりものすごく重要になってくる。親任官が多いのは、外務省と検察庁なんです。条約官僚がどこまで意識しているかどうかは別にして、彼らの根っこのところにあるんです。「わが日本の国体を護持する責務はわれらにあり」ってね。だから外務省という組織は、根源的なところにおいては、戦前との連続性がきわめて強い官僚組織ですよね。

手嶋　外務官僚は、日米安保体制の重要性を説く場合、民主主義という同じ価値観を持つ国同士の盟約だと言うのですが、国体護持の不可欠な装置であることを本能的に分かっているのでしょうね。

主導権は公明党の手に

佐藤　集団的自衛権の行使容認を巡る政治プロセスを見てきましたが、事実関係としてはかなり正確なはずです。メディアの報道とはかなり異なる風景が見えてきましたね。

手嶋　われわれは、安倍政権の内在論理も含めてかなり丁寧に検証しましたから。ただ皮肉なことに、安倍政権が当初目指していたものとは異なる結果を招いてしまった、こと志と違ってしまっている。旧来の憲法解釈に小さく開けたはずの風穴が、将来、本当に広がっていくのか。実態はむしろ風穴が凝り固まってしまい、さらには狭まりつつあるのではないか。条約官僚の多くがそんな危惧を抱いています。次に、どうして、そんなことになってしまったのかを、事実に即して検証してみましょう。

佐藤　結論を言ってしまえば、「創価学会恐るべし」なんですよ。もし創価学会を支援団体とする公明党と連立与党を組んでいなければ、風穴は完璧に開いていたはずです。

手嶋　政府与党が新たな見解を打ち出す場合、連立与党を説得して同意を取り付けなければいけません。それは国会の論議で野党の追及を凌ぎきることとは全く違う政治のプロセスです。かつての自由民主党の単独内閣は、予算委員会で最大野党の社会党と対決し、安保論議の決着をつけてきました。こうした論戦の過程で新たな政府見解を求められ、軍事力の行使に制限が設けられる事例はありました。今回は、自由民主党と公明党の与党内論議が、憲法解釈を見直す主な舞台でしたから、ここでどのようなやり取りが交わされ、どんな決着がついたのか、外からは窺い知れない闇を残しています。

佐藤　そう、外務省の内側に公明党に耳打ちをする一種の内報者がいたと勘ぐる必要はない。公明党の国会議員には外務省出身者が何人もいます。こういう人ならば、政府・自由民主党側の弱点がよくわかっている。それを踏まえて公明党が戦略を組めば、集団的自衛権の解釈の幅を逆に狭めることはそれほど難しくない。どうして、こんなに見事にピタッと解釈のタガがはめられ、ナットが止まってしまったのか。やっぱりこうした事態に備えて、国家権力に対する備えを怠っていなかった。そのための人材を育ててきたからですよ。外務省出身者じゃないと本当のツボはわからない。今回、このネジ締めがきちんとでき、ナットがぴたりと締まった背景には何かがあるということになる。これはすごく重要な問題です。創価学会っていう組織は、かつて国家権力による弾圧を受けたことがある。だから壁の内側に自分たちのエリートを送り込んで、国家権力の内在的論理がわかる人材を育成しておく。そして、官僚としての経験を積んだ人が国会議員になって公明党の戦略・戦術を構築していく。それが今回、見事に実ったということじゃないかと思うんですよ。

手嶋　なるほど、そう読みますか。安倍政権の当初の目論見とは違って、安全保障分野での行動の選択肢が逆に狭くなってしまったのは事実です。その一番わかりやすい例は、ホルムズ海峡の閉鎖問題でしょう。安倍総理は国際航路帯がどこを走っているか正確に認識していたのでしょうか。

佐藤　いや、おそらく詳しい説明は受けていなかったと思います。集団的自衛権の行使を容認した閣議決定を素直に解釈すれば、ホルムズ海峡の機雷を除去する活動に日本の掃海艇は参加できませんよ。なぜなら国際航路帯はオマーンの領海を通っているからです。海峡封鎖をするにはオマーンの領海内に機雷を設置しなければならないんです。ところが領海内への機雷設置は、戦争行為と見なされ、イランとの戦闘行為に巻き込まれる可能性が高い。政府の見解に従えば、この状況じゃ自衛隊の掃海部隊をオマーンの領海に出動させることはできませんよ。外交的に、イランに対する「宣戦布告」をするようなリスクを日本が負うとは思えない。

手嶋　ここにも公明党の影響力が及んでいたと見るわけですね。条約官僚は「いや、ホルムズ海峡にも掃海艇はだせますよ」と譲っていませんが。

佐藤　そう、すでに閣議決定の解釈を巡って、条約官僚と公明党の間でずれが生じ始めています。ことほどさように、今度の見直し論議で、公明党が果たした役割は大きかった。政府の閣議決定を受けて、公明党の山口那津男代表は記者会見（二〇一四年七月一日）に臨み「武力の行使は、国民を守るための自衛の措置に限られることが明確になっている。その点で憲法上、いわゆる個別的か集団的かを問わず自衛のための武力行使は禁じられていないといった考え方は認めるものでない」と釘を刺しています。

手嶋　公明党にここまで明確に発言させたのは、やはり安倍総理が決定的な言質を与えてしまったからなのでしょう。

佐藤　そう考えていいですね。閣議決定の翌七月二日付の「公明新聞」は次のように詳しく報道しています。「首相は、議論の方向性を示すに当たり、政府の憲法解釈と論理的整合性を取ることが重要だとの考えを示した。個別的か集団的かを問わず自衛のための武力行使は禁じられていないという考え方や、国連の集団安全保障措置など国際法上合法的な措置に憲法上の制約は及ばないという考え方を採用しなかった。これは大きな意味があった」。この山口発言の解釈は、一般の新聞が報じた記者会見の内容とは、微妙なところで、しかし重大な部分で、異なっていると思います。閣議決定の文書では、『武力の行使』は、国際法上は、集団的自衛権が根拠となる場合がある」と述べていますが、朝日新聞は「山口氏は国際法上と憲法上の評価を使い分ける苦しい対応を迫られた」と書いています。果たしてそうなのか、まったく同意できませんね。

手嶋　佐藤さんに指摘されて、私も公明新聞を注意深く読んでみました。確かに違います。これを読んだ条約官僚はさぞかし仰天したことでしょう。湾岸戦争以来、条約官僚が着々と広げてきた憲法解釈の領域に逆に攻め込まれているからです。

佐藤　朝日新聞がいう「苦しい対応」とは違って、むしろ公明党が今回の閣議決定を主導し、政府の憲法解釈に明確な歯止めをかけたと勝利宣言しているように読めますよ。

手嶋　アフガニスタン情勢の安定化を目指して、日本の自衛艦はインド洋に展開するアメリカなどの艦艇に洋上で給油を実施しました。これなど実際は集団的自衛権の行使と解釈するのが一般的ですが、日本政府は従来の見解で乗り切りました。条約官僚の作文能力をもってすれば、今回政府が挙げた具体的事例などは、個別的自衛権の範囲だと説明することとくらい朝飯前だったはずです。

佐藤　連立与党の政治主導が強まっているということでもある。米国の要請があったり、国連の安保理決議を受けたりしても、自衛隊を海外に派遣する外交カードが切りにくくなってしまった。外務官僚の目論見は完全に外れてしまったんです。「集団的、個別的自衛権にかかわらず、自衛のための武力行使は禁じられていないという考え方はとらない」という総理の言質を取り付けたと公明党側も言っているわけです。

手嶋　いま外務官僚の人事権は安倍官邸に握られていますから、彼らは表立ってこの決着に異を唱えてはいませんが、不満というより、一種の挫折感すら漂わせています。どこで間違ってしまったのかと。ひとことでいえば、公明党と創価学会の粘り腰を甘く見たのです。政治の実相に疎い外務官僚の敗北と言っていいでしょう。

佐藤　この程度の内容で決着するのなら、外務省と内閣法制局の頭が良い官僚であれば、個別的自衛権で理屈をつけることも十分にできたはずです。

「集団安全保障の城」も陥ちた

手嶋　ところで安全保障分野の論議にはもう一つ、国連による「集団安全保障」という概念があります。集団的自衛権と集団安全保障。どうにも日本語の用語が紛らわしいのですが、まったく異なるものです。

集団安全保障とは、国連憲章に違反して他国の領土を侵犯するなどした加盟国に対して、国連の安全保障理事会が中心となって、経済制裁措置などを課し、それでも従わない場合は、国連決議を経て加盟国が共同して武力による制裁を加えることを言います。本来は、安保理のもとに国連軍が創設されることになっていましたが、冷戦下の東西対立などで実現せず、湾岸戦争などでは安保理決議のもとでアメリカが中心になって多国籍軍を編成し、イラク軍をクウェートから駆逐した例があります。主権国家である日本も、集団的自衛権とは別に、国連の加盟国として集団安全保障に参加する責務を担っています。したがって、条約官僚は、国連の集団安全保障への参加は、日本国憲法の及ばない分野であり、日本の自衛隊が参加することは憲法に触れないという見解をとってきました。これは日本の主権の範囲を超えた概念ですから、もっぱら国連の安全保障理事会の決議に拘束されると考えてきたわけです。

佐藤　従って、国連安保理の決議があれば、日本政府も自衛隊を国連軍や多国籍軍に派遣でき、戦闘行為にも原則的には参加できる。湾岸戦争以来、小沢一郎という政治家はこう主張してきました。集団的自衛権の行使とは一線を画して、国連の集団安全保障に積極的にかかわることで、自衛隊の海外派遣に道を拓こうとしたわけですね。これなら、国連重視を唱えていた旧社会党の左派も取り込むことができ、憲法論争にもならずに済むとみた、この人らしい鋭い着眼でした。

手嶋　安倍内閣が創設した日本版NSC（国家安全保障局）のトップで、条約官僚の主流を歩んできた谷内正太郎という人は、早くから国連の集団安全保障機能こそ日本国憲法の及ばない領域だと考え、ここに国内法、とりわけ政府の憲法解釈を担っていた内閣法制局を介在させてはいけないと考えてきました。「平成の統帥権」を担う谷内正太郎国家安全保障局長がかかわったエピソードをひとつ紹介しておきましょう。いま次官級の重要ポスト、政務担当外務審議官の職に就いている杉山晋輔さんは、在米日本大使館の経済班で谷内参事官（当時）の直属の部下でした。

佐藤　杉山晋輔さんは、早くから条約畑の俊秀として知られていたのですが、湾岸戦争当時は、まだ一等書記官でしたね。

手嶋　湾岸危機という大嵐に見舞われた日本は、多国籍軍になんとか自衛隊を派遣できないかと、急ごしらえの多国籍軍協力法案を国会に提出しました。多国籍軍の盟主、アメリカの要請に応えようとしたのですが、法案はお世辞にも出来のいいものではありませんでした。法案の主たる責任を担った外務省の敗北は濃厚でした。本省からは、法案審議の助っ人として、杉山晋輔氏を借り受けたいと応援の要請がワシントンに届きます。外務省にはタスクフォースが雨後の竹の子のようにできて、条約のプロも出払っていたのでしょう。谷内参事官は、渋々派遣要請に同意したのですが、三カ月もの出張に出発する杉山晋輔一等書記官にひとつだけ指示を与えています。「多国籍軍協力法案には葬式を出すことになると思う。しかし、この国会審議で国連の集団安全保障に自衛隊を派遣できない、憲法違反だという内閣法制局の答弁だけは決してさせてはいけない」と釘を刺しています。負け戦だからといって、将来の選択肢まで潰してはいけないと秘儀を授けたのです。そして、杉山晋輔氏は、その任務をやり遂げています。

佐藤　ところが、安倍総理の安全保障担当補佐官を務める礒崎参議院議員は、今回は国連の集団安全保障に自衛隊を派遣する検討は行わないと決めた。その内容が朝日新聞にリークされ、報道されてしまった。「集団安全保障は今回はやめましょう」と総理の同意を取り付けたというのです。外務省の条約官僚がこれまで営々として守ってきた領域が壊れちゃったわけですよね。

手嶋 当然のことながら、条約官僚は大慌てで巻き返したのですが、国連の集団安全保障をめぐる議論は迷走していきました。総理に十分なご進講をしていなかったツケが回ってきたのです。ここでも、公明党に根回しをしている過程で、官邸の補佐官が基礎学力に欠けていることを公明党の側に見透かされ、見事、逆手をとられてしまったのです。

佐藤 国際法は国内法に優先する。こうした外務省の国際法優位の一元論は、実は日本が独立を回復して国連に加盟するときも、国内で大きな論議を呼びました。国連に加盟する国は、国連軍への参加が義務付けられていましたから、自衛隊を海外に派遣しなければいけなくなる。これは、平和憲法と矛盾するとして国会で随分と論議を呼んだんですが、結局は、問題をファジーなままにして国連加盟を果たしてしまったのですが。それ以来、国際法優位の一元論でやれるという雰囲気が外務省内に出来上がったわけです。

手嶋 今回の閣議決定で、集団的自衛権に起きてしまった適用範囲の極小化が、なんと国連の集団安全保障にも及んでしまった。礒崎発言がきっかけで、政府の裁量範囲を逆に狭めてしまった。これは、日本版NSCをあずかる条約官僚にとっては、一種の退行現象だったのです。これじゃ湾岸戦争まで戻ってしまったと不満を募らせています。

佐藤　その通りなんです。だから、今度の閣議決定に対する現役外交官や外務省OBの評価は決して高くありません。「これじゃ、アメリカ政府がIS（「イスラム国」）の攻勢に対して、自衛隊に後方支援を要請してきても、日本側はこの閣議決定を理由に断らざるをえない」と不満を漏らしていますよ。

手嶋　湾岸戦争の時に、「日本政府は憲法を何もしない言い訳に使っている」と国際社会から非難を浴びましたが、今回の「閣議決定」も何もしない盾になってしまう怖れがあると条約官僚は心配しています。

佐藤　安倍総理は、初めての内閣改造で石破茂さんに安保法制担当相のポストを打診しましたが、「集団的自衛権の解釈変更については考え方が違う」と申し出を断られました。二〇一五年の通常国会では安保関連法案が上程されますが、安全保障のプロを自任する石破さんは、自らとは考えの異なる法案の答弁には立ちたくなかったのでしょう。

手嶋　石破さんは、防衛大臣などを歴任して、安保のプロの誇りがありますからね。

「集団的自衛権の行使に向けて政府見解を改めるべし」と主張してきた方向とは、明らかに異なる決着となってしまったことに強烈な違和感を抱いているのです。

佐藤　その一方で、安倍晋三という政治家をこれまで支えてきた右派の論客、故岡崎久彦氏はその代表格ですが、表だって不満を漏らさなかったのは不思議な気がします。

手嶋　じつにシャープな指摘だなあ。安倍官邸は、彼ら右派の論客には、公明党に行っている説明とは、似て非なる説明を試みたからです。今度の集団的自衛権の行使容認の閣議決定によって、日本の安全保障に明白で差し迫った危険が及んでいる場合には、総理の政治決断によって軍事力を行使できることになった。戦後の統帥権がようやく確立されたと縷々説明し、折伏《しゃくぶく》してしまったのです。

創価学会の平和主義

手嶋　それにしても、安倍官邸の中枢部を握ってきたはずの条約官僚が、なぜ、憲法の解釈を巡ってこれほどまで制約を受けてしまったのか。やはり、平和主義を教義のおおもとに据える創価学会と公明党が徹底抗戦したからでしょう。

佐藤　そう思います。創価学会の前身である創価教育学会の牧口常三郎初代会長と、戦後二代目会長になる戸田城聖氏たちが一九四三年に不敬罪と治安維持法違反で捕まっている。そして、牧口氏は獄中死した。だからあの組織はその根っこにおいて天皇信仰と相容れないところがある。創価学会の関係者で松岡幹夫さん（東日本国際大学東洋思想研究所長）という理論家がいます。彼は創価大学を卒業したあと出家して大石寺（日蓮正宗）の坊さんになった。宗門問題で大石寺と創価学会が袂を分かつと、創価学会側につき、宗門の僧侶から殴られケガをした人です。そのあと東京大学大学院に入り直して、日蓮研究で博士号を取っています。彼が出版した『平和をつくる宗教』（第三文明社）を見て驚いたのですが、池田大作氏の反戦活動をめぐるエピソードが描かれています。池田大作がどういう指導をしていたかがじつに具体的に書いてあるんです。

手嶋　アジアではアメリカがベトナム戦争を戦っていた、まさにその頃ですね。

佐藤　ベトナム戦争のさなか、創価学会は信者らにも良心的兵役拒否を積極的には言わなかったと書かれています。でも良心的兵役拒否をする学会員がいるのなら、それでも構わない。アメリカ兵が「これからベトナムの前線に行くが、自分はどうしたらいいのか」と相談に来る。池田大作氏の指導は「ひたすらお題目を唱えろ」というものでした。

お題目を徹底的に唱えたら、上官からいざ撃てと命じられても、大砲が壊れて撃てませんでした――こういう奇跡みたいなのがいくつか起きていると書かれています。これだけだと単なる奇跡譚でナンセンスな話になってしまう。要するに「前線に行ってサボタージュしろ」ってことと僕は解釈しています。

手嶋　宗教書はそう読むべきなのでしょうね。獄中でひたすら聖書を手にしていた佐藤さんに宗教書の行間を読み込む作業はお任せします。創価学会インタナショナル、いわゆるSGIが、二〇一四年六月二三日に沖縄の二大有力紙「沖縄タイムス」と「琉球新報」に意見広告を掲載しましたね。

佐藤　ああ、安部首相が沖縄を訪問した日に「沖縄慰霊の日　記念特集」として掲載した、SGIの意見広告のことですね。SGI会長で創価学会名誉会長の池田大作氏が発表した「平和提言」を編集したものです。「隣国との友好が世界平和の礎に」との小見出しを掲げて、気候変動の問題が安全保障上の脅威として受け止められているとした上で、「特筆すべきは、こうした面での安全保障を高めることは、軍事力を強化する場合に生じる『安全保障のジレンマ』―ある国が軍備を増強すると、他の国が脅威と受け止めて対抗措置をとるといったように、軍拡がさらなる軍拡を呼び、かえって不安や緊張が増すという負の連鎖に拍車がかかる状況―を招く恐れがないかという点です」と述べているんです。「安全保障のジレンマ」をことさら強調して、「平和主義はわれわれの原理原則である」というシグナルを安倍政権に送ったと見るべきです。安倍政権への牽制を目的としてこの広告を掲載したのではない。「なんとなく」行った。創価学会員の集合的意識、さらに集合的無意識の領域まで平和主義が浸透しているからこうなるのです。

手嶋　SGI、創価学会インタナショナル。まさしく読んでの通り創価学会の国際組織です。その役割をどうやらわれわれは過小評価していたようですね。

佐藤　確かにSGIは、韓国で信者数にして百五十万人を擁しています。台湾にもしっかりした組織がある。そうした現実を考えると、日本側がナショナリズムを煽ってしまうと、韓国とは独島（竹島）問題、台湾とは釣魚島（尖閣諸島）問題を抱えているわけですから、国際組織であるSGIは分裂状態になってしまいます。池田大作という存在は、創価学会では名誉会長ですが、SGIでは現職の会長ですからね。総合的に考えた場合、自分たちの組織を維持するため、平和主義は絶対不可欠なテーゼなんですよ。

手嶋　それでは翻って、外務省内にいる創価学会員は、国家と外務省さらには学会のどちらに忠誠を尽くすべきか。一方のSGIは、東アジアに広がる国境を越えた学会員に忠実であるべきか、日本という国家に忠節をささげるべきか。それぞれに「安全保障のジレンマ」ならぬ「二重忠誠のジレンマ」に直面していることになります。

佐藤　確かにその要素は潜在的にあると思います。今回の憲法解釈はそれほどに重要な問題を孕んでいたんです。そして根源的な矛盾が端なくも噴出したというわけですよ。

手嶋　国家の枠組みを超えるという点では、かつてのコミンテルンに属していたマルキストたちのジレンマを思わせます。国際共産主義の大義に殉じるべきか、ソ連に忠節を尽くすべきか、はたまた祖国日本の国益を重く見るべきか。

佐藤　たとえば日本共産党は、北方四島にウルップ島からシュムシュ島までの十八島を加えた全千島二十二島の返還を、旧ソ連時代から現在まで要求している。同様に「竹島」は日本領だと声高に言っているわけだし、「尖閣諸島も日本領だ」「日本政府の対応は中国に弱腰だ」と批判して、ナショナリズムを煽っているわけです。一方で、創価学会はSGIがあるので、日本のナショナリズムと同一化することができない。そして、この創価学会を支持母体とする公明党もまた、ナショナリズムを単純に煽るわけにはいかない。創価学会は一種の普遍宗教になりつつあるからです。この視点が重要と思います。

いまイラクで「イスラム国」が勢力を急速に伸ばしているように、従来の国家の制約を乗り越えつつあることは、アジアに起きていることと裏表の関係なんです。これまでに見られなかった新しい現象が東アジアでも繰り広げられつつあります。

朝鮮半島と台湾海峡

手嶋　これまでは、安倍内閣が目指した集団的自衛権の行使を認める閣議決定が、内閣法制局を拠点とするいわゆる法制官僚のプリズムを通してどのように変質していったかを、法令解釈の視点から検証してきました。さらに、安倍内閣がこじ開けたと思った憲法解釈の風穴が意外なほど強固な歯止めで塗り固められてしまった実態を見てきました。そして、連立与党の公明党と創価学会の平和主義こそ安倍内閣の目論見を阻む重要な要因になったプロセスを検討してきました。

こうした視点を踏まえて、そもそも集団的自衛権は、いかなる有事に備えたはずのものだったのかを考えてみたいと思います。安倍官邸は、公明党との折衝で、具体的な行使の事例として、事実上、朝鮮半島の有事を想定したケースを示して説得を試みました。

朝鮮半島の有事なら、すでに一九九四年の核危機の際に、暗黙の裡に大まかな国民的合意が出来かけていましたから。

佐藤　確かに、北朝鮮が核兵器の製造に手を染めていることが明らかになった一九九四年当時、朝鮮半島のアメリカ軍当局は、北朝鮮軍を攻撃するシナリオまで真剣に検討していました。それだけでなく、在日アメリカ軍が朝鮮半島に出動することを前提に、日米の関係者の間で検討作業が進められていた事実も明らかになっています。

手嶋　そうした朝鮮半島の核危機に際して、日米の軍事協力がどこまで可能か、討議が重ねられていました。それが後の「日米ガイドライン」の改定の基礎となりました。朝鮮半島のクライシスは、日本の安全保障に直結しますから、憲法の制約は念頭に置きながらも、アメリカの作戦行動に日本側も最大限の協力を惜しまないという共通のコンセンサスが出来上がっていきました。

佐藤　当時の討議資料は国家機密として封印されていますが、日米当局者の証言は、それを裏付けていますね。

手嶋　機微に触れる話なのですが、もう二十年も経ったのですからお話ししてもいいでしょう。じつは朝鮮半島危機の際、当時の官房長官のもとに、非公式なワーキング・グループができ、朝鮮半島で軍事衝突が起きたという想定で詳細な検討会が行われました。私は現場の政治部記者でしたが、直前までワシントン特派員としてホワイトハウスとペンタゴンを担当していたため、検討会の一員として招かれました。諮問されたのは、在日アメリカ軍が朝鮮半島に出動する際、日米安保条約に基づく取り決めで、日本側に事前協議が提起されることになるが、これに日本政府としてどう応じるかでした。もちろん日本政府は、淡々として「イエス」と応じるべきだと意見具申しましたが、誰からも異論が出ませんでした。アメリカ軍に対する自衛隊の支援についても、条約官僚のひとりは「個別的自衛権の行使の延長線上で乗り切るほかない」と述べていました。当時の外務省首脳陣のひとりは「朝鮮半島への自衛隊の出動も視野に入れている」と明言しました。「なにしろ有事なのですから」と言い切っていました。

佐藤　朝鮮半島の有事では、安全保障に理解のある人々の間では、野党も含めていわば「何でもあり」なんですよ。ですから外務官僚は、公明党に対しても、朝鮮半島の有事を例として示して説得にかかったという訳です。

手嶋　朝鮮半島の有事に際して、対馬海峡をアメリカの艦艇が航行中に、北朝鮮軍から対艦ミサイルの攻撃を受けた際、近くにいる日本の護衛艦が「これはどうやらアメリカ艦艇のほうを狙った攻撃らしい」と手を拱いている事態を考えてみてください。日米安保体制がこれで持つわけがありません。集団的自衛権の行使容認には絶好の材料です。

佐藤　これなら、公明党も「イエス」と言わざるをえないですね。

手嶋　朝鮮半島の有事なら幅広いコンセンサスはできるのでしょうが、日米の安全保障体制は、二つの有事を想定した備えなのです。一つはいうまでもなく朝鮮半島の有事。そしていま一つは台湾海峡の有事です。

佐藤　東西両陣営が核の刃を互いに突きつけて対峙していた冷戦中、朝鮮半島と台湾海峡は熱戦が現実に火を噴いたいわくつきの地域です。いまもその構図は変わっていない。

手嶋　朝鮮半島の有事は、日本の安全保障にとって死活的に重要です。しかしながら、いまの中国は、北朝鮮のために超大国アメリカと戦火を交えるつもりはありません。その意味で朝鮮半島の有事は、所詮リージョナルな、地域的な紛争に留まります。米中が真正面から精鋭の部隊を朝鮮半島に上陸させて戦うような事態にはなりません。

佐藤　ところが、台湾海峡の危機は根本的に違うんですね。一九九六年、中国の人民解放軍が四発のミサイルを台湾を取り囲むように発射しました。

手嶋　あの時、アメリカのクリントン政権は、間髪を入れずに二個機動部隊、新鋭の空母を二隻も台湾海峡に向けて急派しました。民主党のクリントン大統領は、共和党の強硬な大統領と違い、大がかりな軍事介入には乗り気でなく、もっぱらモニカ・ルインスキー活動に熱を入れるようなタイプの大統領でしたが——。にもかかわらず、中国が台湾の民主的な総統選挙に軍事力で介入するのを断固許さないという強硬な姿勢を貫きました。

佐藤　こうしたアメリカの毅然とした姿勢の前に、中国の人民解放軍は、台湾の対岸で大がかりな上陸演習を予定していたのですが、急きょ取りやめたほどです。

手嶋　中国ではいまも「九六年の屈辱」と呼ばれています。これを機に中国は大がかりな軍備の拡大、兵器の近代化に乗り出しました。いままでは、アメリカの第七艦隊の制海権に挑むほどの実力を蓄えるまでになっています。このように、台湾海峡を巡る情勢は朝鮮半島とは大きく異なり、中国の人民解放軍がいま、台湾海峡を渡って台湾に侵攻する構えをみせれば、米中があいまみえる事態となります。軍事力の行使に後ろ向きなオバマ大統領でさえ、台湾海峡へただちに空母機動部隊を差し向けざるをえないでしょう。台湾海峡こそ、新興の軍事大国たる中国と超大国アメリカが、真っ向から衝突する危険を孕んだホットゾーンなのです。いま安倍政権が、台湾海峡の有事を想定して、同盟国アメリカと連携を強めるため、集団的自衛権を行使する検討を行っていると公表したと考えてみましょう。習近平政権は、中国の密接不可分な一省である台湾に日本は軍事介入するのかと猛反発することは必至です。すでに様々な対抗措置は内々に準備しているはずです。中国国内にあるトヨタの工場を閉鎖する可能性すら囁かれている。現在の中国に批判的な日本の人々も、台湾海峡危機でアメリカ軍に何らかの形で協力すべきか否か、真剣に迷うにちがいありません。日本の政界も、経済界も、メディアも、真っ二つに引き裂かれるでしょう。

佐藤　中国にとって命にも等しい省である台湾に、日本は手を出すのか、そのために日米の軍事連携を強めるのか、と猛烈に抗議してくるはずですよ。

手嶋　「ハワイが五十番目の州だからといって、ハワイには軍事介入していいなどと、アメリカ側も言わないだろう」という中国共産党幹部の発言を聞いた覚えがあります。日本の安保官僚は、日本が直面する極東有事で最も警戒すべきは台湾有事であることは百も承知です。それだけに、台湾有事に備えて、従来の憲法解釈に風穴を開けておきたかったはずです。ところが、台湾有事に絡むケースを直截に例示すれば、たちまち中国の反発を招いてしまう。ここは従来通り地理的な範囲には一切触れない方針を貫き、あくまで一般論にすり替えて憲法解釈を変更し、自衛隊の投入に総理官邸のフリーハンドを確保しておく腹積もりなのでしょう。

佐藤　うーん、かなりの悪知恵だなあ。確かに台湾有事に即して検討すると、たちまち中国との間で緊張を高めてしまいますからね。中国も台湾有事に絡む事態でなければ、日本国内の論争に巻き込まれたくないと考えているはずです。アメリカという寝た子を起こすのも得策ではない。中国はその点は大人の反応を見せていて、問題の核心にそれとなく気づきながら全然絡んできませんでした。日本との対決路線の戦線をこれ以上拡げたくなかったんでしょうね。

手嶋　なかなかにしたたかですねえ。アメリカは台湾有事に関しては従来、「曖昧戦略」を採ってきました。アメリカ政府は、「中国が台湾海峡問題を平和的に解決するよう希求する」と述べているだけで、中国が台湾海峡危機に介入してきた時に実際に軍事介入するかどうか曖昧にしています。これはキッシンジャー博士が編み出した、溜息が出るほど洗練された戦略です。「平和解決」を求めて、中国の軍事介入を牽制し、返す刀で「アメリカは台湾防衛を必ずしも保障したわけではない」と釘を刺し、台湾の独立派を牽制しているのです。

佐藤　だとすれば、アメリカ政府としても、安倍政権が台湾有事を想定して、集団的自衛権の行使に踏み切ったなどと表では言ってほしくないわけですね。

手嶋　ええ、そう思います。台湾有事というパンドラの箱をいったん開けてしまえば、尖閣諸島さらには沖縄と有事の想定が連なっていきます。ただ実際は、集団的自衛権の行使は、台湾有事が暗黙の前提になっていますから、正々堂々と議論するのが筋でしょう。主権者たる国民に問題の所在を知らせて、きちんと説明すべきだと思います。台湾有事が持ちあがった際には、安倍内閣は日本版NSCで具体的な対応を検討するとしています。一方、「平成の統帥権」を差配する日本版NSCは、台湾有事には日本も介入せざるを得ないと腹を固めているのです。であればなおのこと、公の場で基本的な議論は深めておくべきでしょう。中国を刺激しないよう配慮しながら、有事の想定を話し合うことはできるはずです。日本の国会もこれほど重要な問題を安倍政権に白紙委任してはいけません。

「平成の統帥権」日本版NSC

佐藤　「必要は法律を知らない」というのは、第一次世界大戦のときにベルギーの中立を侵犯したドイツが吐いた悪名高い言葉です。いまの安倍政権の対応は、本当に「有事は憲法を知らない」という対応になってしまう怖れがありますね。

手嶋　安倍政権は日本版NSCを設けて、戦後はじめて「平成の統帥権」を手にしました。有事の対応はここですべてを決めればいいと考えています。しかし大枠の対応は事前に国民にきちんと説明し、国会でも議論を尽くすべきです。

佐藤　ところが、そこのところを頬っかぶりしちゃっている。そのいっぽうで、朝日新聞や東京新聞が「大変なことになった、大変なことになった」と報道するものですから、安倍政権は助けられている面があるんです。保守派には、憲法の見直しに一歩前進したように説明していますが、読売新聞の冷ややかな論調をみれば、成果はそれほど上がっていないことがわかります。安全保障に通じている保守派は「集団的自衛権の行使にこんなに縛りが多いんじゃ使いでが悪いじゃないか」とじつに冷ややかです。それが読売新聞の報道ぶりにあらわれているんですね。

手嶋　閣議決定の翌々日の朝日新聞の一面に「アメリカに武力行使を言われたら日本は果たしてノーと言えるか」という趣旨の国際報道部長の記事が載っていました。このくらいピントの外れた時代錯誤はありません。いま、東アジアで起きている、もっとも懸念すべき現象は、オバマ政権がアジア半球の有事にすっかり腰が引けてしまっていることです。同盟国日本のために少しも毅然とした姿勢を示そうとしない点です。尖閣諸島をめぐるオバマ政権のおずおずとした対応ぶりはすでに詳しく見た通りです。

佐藤 そう、アメリカ政府は、日本に「尖閣問題でより強硬な対中姿勢をとれ」などとは絶対に言ってこないですよ。

手嶋 日米どちらが東アジアの有事で腰が引けて「ノー」と言って逃げそうなのか。現実を冷静に分析すればわかりそうなものです。冷戦期とは、そして湾岸戦争時とも、東アジアの戦略環境がおおきく様変わりし、いまや攻守ところを変えているのです。ところが、昨日の視点で情勢判断をしていれば、昨日の論評しか書けなくなります。目の前の現実は、メディアの視点を軽々と乗り越えて先に進んでいます。われわれも自戒しなければと思いました。

佐藤 こうした状況を目の当たりにしていると、今回はいろんな人たちの集合的無意識が動いた感じがするんですよ。国家の戦略を立てる人たちが意図しているところとは、あきらかに違う地平に日本が導かれていっている感じがしますね。

手嶋　国体護持のシステムとして、戦後の日米安保体制が隠れた役割を果たしてきた一方で、戦前にはあって戦後はなくなったものが統帥権だというのが一般的な説明です。ところが新しい統帥権がここにきてようやく誕生した。それが日本版ＮＳＣ、つまり、総理官邸に設けられた国家安全保障局です。そう言ってよろしいですね。

佐藤　そう思います。まだ少数意見かもしれませんが、手嶋さんの見立てに異存はありません。戦争に突き進むのか、それともなお外交交渉によって事態の打開を図るのか、日本がそんな重大な岐路に立たされたとき、総理の決断に誤りなきを期す責務を担っているのが日本版のＮＳＣです。

手嶋　日本版ＮＳＣを創設する法律には、もちろんそんなことは書いてありません。国家安全保障会議設置法では、会議の主要メンバーを構成する四人、つまり総理、官房長官、外相、防衛相の四閣僚が、武力攻撃事態に関して審議を行うと書かれています。

佐藤　そして、「迅速かつ適切な対処が必要と認められる措置について内閣総理大臣に建議する」と定めています。中国の人民解放軍が尖閣諸島に上陸する構えを見せつつあるとき、日本として武力をもって自衛権を発動するか否かを総理に具申する機関というわけです。最終決断はあくまで総理大臣が下す形をとっていますが、実質はこの日本版

ＮＳＣが国家安全保障会議を主導して決断をくだすとみていいでしょう。ですから、日本版ＮＳＣこそ「平成の新しい統帥機関だ」と見立てているんです。

手嶋　ならば、日本版ＮＳＣを率いる国家安全保障局長は、アメリカ版ＮＳＣの国家安全保障担当大統領補佐官ということになりますが、官邸の組織図をみると国家安全保障担当の首相補佐官は、国会議員がそのポストに就いています。当初の構想では、内閣官房副長官クラスの国家安全保障担当首相補佐官が日本版ＮＳＣの局長を兼務することになっていたはずでした。

佐藤　つまり、形式だけ、国会議員を日本版ＮＳＣの上位に置いているのですが、機密情報の報告ルートをみても限りなくお飾りです。これでは責任の所在が曖昧になってしまう。先の国連の集団安全保障をめぐる混乱もそこに起因しています。

手嶋　オバマ大統領が国賓としてやってきた二〇一四年四月のケースを見ても、アメリカのスーザン・ライス補佐官のカウンター・パートは谷内正太郎ＮＳＣ局長でしたから、形式と実態が乖離しています。日本の命運を左右するこのような組織としては、不健全な形です。有事の際に支障が出なければいいのですが。

第五章　反知性主義へのレジスタンス

インテリジェンスは「型破り」にあり

手嶋　インテリジェンスという宝刀がきらりと閃いてとどめを刺す——、その要諦は何でしょうか。

佐藤　そりゃ、「型破り」であることですよ。

手嶋　ほう、インテリジェンスの真髄は型破りにあり——ですか。

佐藤　そう、インテリジェンスとは、全てが型破りです。そのことごとくが例外です。ただし、型破りは、でたらめとは違いますよ。

手嶋　日本の剣豪小説には、型破りな剣を遣うヒーローが登場します。なかでも印象的なのは五味康祐の作品です。若い方々にも一読をお勧めしたいと思います。その文体は切れ味も鋭く、全編にえも言われぬ凄みを漂わせています。しかし、巨匠が描く剣豪たちだって、若い頃は徹底して剣の型を叩き込まれていたんです。その修練の果てに、師匠から盗み取った型から脱して、新たな地平に飛翔していったのです。五味作品には独自の境地を拓いていくさまが見事に描かれていますが、佐藤さんに言われてみると、インテリジェンス・オフィサーも確かに型を学びつつ次第に型から脱していくものですね。

佐藤　そうでしょう。ただ漫然と師匠の剣の型を踏襲するだけじゃ、敵にあっさり隙を見抜かれて、できる遣い手にはなれませんからね。だからといって、型を知らなければ、いつまでたっても型破りの境地には達しませんよ。インテリジェンスの世界も全く同じです。若い人たちがインテリジェンスの感覚を磨きたいと願うなら、まずインテリジェンスの文法を学ばなければいけません。誰もが高みを究められるわけではありませんが、山の頂を見渡すベースキャンプには到達できるはずです。

手嶋　これは福音ですね。では、インテリジェンスの文法は、どうすれば習得できるのでしょうか。本書の読者限定で「佐藤ラスプーチン流の秘伝」を披露願います。

佐藤　あくまで型なのですから、耳目をそばだたせるような「一子相伝」などありませんよ。「なーんだ」とがっかりしては困ります。ひとことで言えば、歴史のなかに分け入り、歴史から学ぶことに尽きると思います。

第一次世界大戦に学ぶ教訓

手嶋　二〇一四年は、第一次世界大戦の開戦からちょうど百年。二〇一五年は、第二次世界大戦の終結から戦後七十年目にあたります。

佐藤　それは決して単なる「節目」じゃありません。後世の歴史家は、二〇一四年を新たな危機の年として記述することになるかもしれません。

手嶋　たしかに二〇一四年には、ウクライナで異変が起き、中東では「イスラム国」が猛威を振るい、東アジアでは南シナ海で中国が周辺国と衝突し、香港は民主化を求めるデモで広場が埋め尽くされました。本書でも、われわれはウクライナを「二十一世紀の火薬庫」と見立てて、新たに出現した「イスラム国」を全く新しい脅威と見なし、新たに「モスクワ・北京・テヘラン新枢軸」が形成されつつあると指摘しました。こうした情勢に突き動かされるように、日本という国は戦後のタブーに挑んで、集団的自衛権の行使に踏み出そうとしています。

佐藤　まさしく動乱の世紀の幕が上がりつつあるんでしょうね。これまでの歴史を大きく塗り替える動きが、重なり合いながら起こっている。その意味をより深く理解するためにも、現代史をこれまでとは違った視角から眺めて、二つの世界大戦の意味を考えてみることが大切です。こうした営みが、インテリジェンスの文法を身につけ、ひいては自分なりの文体を磨くことにつながるんだと思います。

手嶋　いまわれわれの眼前に生起している事象は、そのことごとくが二つの世界大戦の結果として生まれたものであり、それゆえにすべての事象が二つの世界大戦と底流で繋がっている。同時に、歴史はそのまま繰り返すわけではありませんから、過去の出来事を丸暗記したところで、近未来に生起する出来事を予測できるわけじゃない。

佐藤　まだ見ぬ近未来の事象は、そのことごとくが型破りなのですから、簡単な予想などできるわけがありませんよ。

手嶋　第一次世界大戦の結果として出現した戦後世界がまさしくそうでした。どんな慧眼の士もあれほどの戦争を思い描くことはできませんでした。ましてや、戦後世界のありようを想像できた人など皆無でした。

佐藤　バルカン半島で偶然起きた一つの小さな発砲事件が発端となって唐突に始まった

世界戦争ですからね。

手嶋　そう、一九一四年ですから今からちょうど百年前に、オーストリア皇太子夫妻がセルビアの愛国青年に暗殺され、オーストリアがセルビアに宣戦布告します。これに連動して、わずか一週間のうちに、ロシア、ドイツ、フランス、イギリスという欧州の名だたる列強が入り乱れて参戦し、欧州大陸を真っ二つに切り裂く未曾有の大戦に発展していきました。戦争を終わらせるメカニズムが作動せず、二千万人ともいわれる犠牲者を出してしまったのです。これはじつに奇妙な戦争でした。当時の帝政ロシアは、帝政ドイツと戦わなければならない理由はあったのでしょうか。

佐藤　いや、全くないわけです。偶発的に始まった世界大戦には、本質的な危うさが埋め込まれていました。どうやればこの大戦を終わらせられるのか。どの国の、どんな指導者も、終戦の手立てがわからなくなっていたからです。帝政ロシアは、敵対していたわけではない帝政ドイツと戦う。そうして喜劇的に幕を開けた偶発戦争は、これ以上ないほどの悲劇的様相で終幕を迎えました。天文学的な犠牲者の多さもさることながら、ヨーロッパの主だった帝政は、イギリス王室などを除けば、ことごとく地上から姿を消してしまったのです。文字通り、めちゃくちゃな、型破りな戦争となってしまいました。

手嶋　この複雑怪奇な第一次世界大戦を外交という視点から論じた最高水準の著作が、ヘンリー・キッシンジャーが一九九四年に著した『Diplomacy』でしょう。

佐藤　異存がありません。インテリジェンス専門家にしてサウジアラビア大使などを歴任した故岡崎久彦さんが監訳して、日本語版は『外交（上・下）』と題して日本経済新聞社から一九九六年に刊行されました。著者のキッシンジャー博士は、政治哲学者であり、外交世界のプレイヤーでもありました。冷戦期、共和党政権の国家安全保障担当大統領補佐官や国務長官を務め、米中の接近劇や中東和平交渉を担ったひとです。

手嶋　この名著のなかでキッシンジャーは、第一次世界大戦の本質に真っ向から挑み、多角的な分析を試みています。とりわけ、この人の慧眼が光っているのは同盟についての考察です。「第一次世界大戦は各国が同盟条約を破ったからではなく、各国が同盟条約を忠実に守ったために始まったのである」と喝破しています。このくだりは『Diplomacy』のなかの白眉といっていいものです。なぜ、明確な対立がないにもかかわらず、戦争をしなければならなかったのか。それを読み解くキーワードが「同盟」なのです。当時のヨーロッパに蜘蛛の糸のように張り巡らされていた同盟条約によって、ロシアがドイツに宣戦を告げざるを得なくなったような事態がそこかしこで起きたのです。これに加えて、秘密外交が見えざる蜘蛛の糸として列強を拘束し、意味なき戦争に駆り立てていきました。

佐藤　第一次世界大戦から読み取るべき教訓の最大のものはたった一つ。「同盟関係とはいかに恐ろしいか」ということでしょう。現在は国際連合というシステムがあり、曲がりなりにも「国連加盟国同士の戦争を禁止する」という体制が築かれています。しかし、第一次世界大戦当時はそうした国際システムがないまま、一方で同盟関係が複雑に張り巡らされていたことが致命傷となりました。それゆえに、列強がひとたび対立を深めれば、結局、戦争でしか事態を解決できなかったんですよ。

手嶋　ここにも型とそれを無意味なものにしてしまう型破りが存在します。同盟というものは、本来、戦争に訴えようとする国を威嚇し、抑止する力として働くはずでした。ところが、戦争抑止の型としてデザインされていたはずの同盟が、列強を戦争に駆り立てる役割を果たしてしまった。これ以上の型破りはありません。

佐藤　そう、潜在的な脅威に備えて、A国とB国が同盟を組んだとします。どんな指導者もリスクを冒して戦争をしたいとは思っていませんから、本来は戦争を抑止するためのアライアンスのはずです。ところが、込み入った国際政治の舞台では、この同盟関係が足枷になって、逆に外交の選択肢が狭められ、縛られ、ついには連鎖的に戦争に引きずり込まれてしまう。こういった事態が現実に起こりうるのであり、実際に第一次世界大戦という形で起きたのです。キッシンジャー博士は、戦争の抑止力としての同盟の持つもう一つの側面を明らかにし、同盟というシステムが内に秘めた危うさを見事に論じています。

手嶋　この人は、インテリジェンスのプロフェッショナルであり、傑出した歴史家であり、同時に現実の外政家でもあります。だからといって、第一次世界大戦を冷戦終結後の情勢にダブらせて論じたりはしていません。

佐藤　でも、鋭い読者なら分かっているね、と行間で囁いている。誰しも現下の情勢には敏感ですから、著者の手並みに乗せられて、それとなく意のあるところを悟らせられているんですよ。こういうのを手練れの人と呼ぶんでしょうね（笑）。

手嶋　キッシンジャーという人は、ナチスが台頭するドイツでユダヤ人として少年時代を過ごした人です。ですから、インタビューしても、ドイツ語的なごつごつとした構文で、ドイツ訛りを残したアクセントで、そのうえひどく低音域で話すものですから実に聞き取りにくいんです。そして何より、日本に対しては朗らかな感情を持っていない、そのことが聞き手にそれとなく伝わってきます。キッシンジャーは、第二次世界大戦が終わり、東西の冷戦が過去の風景となり、ポスト冷戦の時代も過ぎ去ろうとしている今もなお、ドイツと日本に対する警戒感を拭いきれずにいます。これを偏見と呼ぶのは簡単ですが、彼の胸底に沈殿している感情が希代の歴史家にして政治哲学者のバックボーンを形づくっている、これは紛れもない事実なのです。

ロシアへの恐怖は現代に続く

佐藤　ウクライナ問題を巡って、アメリカがプーチンのロシアと対決している今、メルケル首相のドイツが地下水脈でモスクワに通じていないかと警戒を解いていないんでしょうね。第一次世界大戦も続く第二次世界大戦も、主戦場はロシアと思いがちですが、実際のバトルフィールドということでは、ウクライナこそがドイツとロシアの主力部隊が入り乱れて死闘を繰り返した主戦場です。ウクライナが一時の独立を果たしたのも、東部戦線で第一次世界大戦を終わらせた「ブレスト＝リトフスク条約」です。

手嶋　現地ウクライナを実際に歩いてみると、われわれが「ウクライナ」と呼んでいた地域が、二度の戦争で様々に国の形を変え、支配者を変え、住む人々が変わっていった様子がようやく実感できました。ガリツィア地方こそウクライナの変遷を体現している地なのです。東ガリツィアはいまウクライナ領となり、西ガリツィアはポーランド領になっています。東ガリツィアの中心都市はリヴィウ、西ガリツィアの中心都市はクラコフ。対になった宝石のように美しい街です。リヴィウにしばらく滞在していたのですが、ここは近現代史に限っても実に五度も国家そのものが変わっています。というより、リヴィウの街を国家という名の人工構築物が通り過ぎていったと表現したほうがいいかもしれません。いまリヴィウは反ロシアを標榜するウクライナ・ナショナリズムの策源地になっていますが、複雑怪奇な欧州情勢を読み解くには、現下の情勢だけでなく、現地の近現代史を学んでおくことが不可欠だと思い知らされました。でなければ、ウクライナ情勢の核心は摑めない。

佐藤　ウクライナはドイツとロシアという大国の狭間にありますから、かつてもいまもパワーゲームの真っただ中に放り込まれてきた国です。一方のドイツ人は、ウクライナを挟んで、ロシアという国に対しては、第一次世界大戦からトラウマを抱え込んできました。私は「ヒトラーの最期」をベルリンで目撃した伝説の外交官、吉野文六さんの回想録を『私が最も尊敬する外交官 ナチス・ドイツの崩壊を目撃した吉野文六』と題して出版しました。このなかで吉野文六さんは、第二次世界大戦で独ソ戦に臨んだドイツ人の反応をこう振り返っています。「我々はばかなことをした。ロシアと戦争をしてはいけなかった。ヒトラーもロシア侵攻は大変だとわかっていた。ロシアと戦争することの恐怖はとても強かったのに」と。

手嶋　そうしたロシアを心から怖いという思いはいまなおドイツ人にも引き継がれているんですね。一九三九年の夏、ノモンハンのハルハ河周辺の草原で日ソ両軍の精鋭が激突しました。いわゆる「ノモンハン戦役」です。この時、日本陸軍は打ち震えるような恐怖を覚えました。彼らはこの敗戦で対ソ恐怖症に罹《かか》ってしまったといいます。

佐藤　実態的には、日ソ間で本格的に戦われた「ノモンハン戦争」と呼ぶべきでしょうね。その後の世界の行方を左右した、それほどに重要な戦役でした。

手嶋　これは、一九三九年に満州国とモンゴルの国境で起きた交戦に、日本とソ連が軍事介入したことで勃発した軍事衝突と説明されます。日本陸軍の統帥部は、このノモンハンの戦いで手ひどい敗北を蒙ったことで、やがて矛先を南に向けて南進作戦を遂行し、それが英米の一層の反発を招いて、日米開戦へと至る一因になったのでした。

佐藤　従来は、極東の局地的な軍事衝突に過ぎないとされてきました。しかし、その後、本格的な研究が進むに従って、より深層を垣間見ることができるようになりました。

手嶋　そう、「第二次世界大戦は満州に始まって満州に終わる」という視点ですね。

佐藤　第二次世界大戦では、ヨーロッパの戦域と東アジアの戦域が水面下で連動していたということなんです。これは今日のウクライナ問題にも同じことが言える。一見ヨーロッパの問題に見えながら、実は東アジアにも大きな影響を与えているわけです。

ノモンハン事件を知るには、一つは五味川純平監督の日活映画『戦争と人間』がおすすめです。何がすごいって、ソ連軍の全面協力を得てソ連域内でロケをしている。つまり、ソ連が国策としてノモンハン事件の再現に協力しているわけです。もう一つは吉野文六さんの本。ここにこんな話が書かれています。吉野さんには年上の碁の仲間がいたのですが、ある日突然学校からいなくなっちゃった。しばらくたって帰って来たその人は、実は徴兵されてノモンハンに行かされていた。彼は「部隊が全滅した。俺含めて二人しか生き残らなかった」と言った。その話を聞いて吉野さんは、近代戦がいかに恐ろしいかということを実感し、そんな恐ろしい戦争に行きたくないから兵役免除になる職がいいと考えて外交官になったんだと。だから彼の人生の選択で、ノモンハン事件はすごく大きなものだったんです。東大の中でもノモンハン帰りの大学生たちがこそこそとその話をしていたらしいですが、みんな戦慄したと言っていたそうです。

手嶋　日本陸軍の高級幕僚だけでなく、日本の官僚機構を担うはずの東大生も、起きてしまった結果に戦慄していたのですね。

佐藤　現在のメルケル首相もまた、形而上的に独ロ戦は避けなければいけないと考えているのです。実は、彼女は東ドイツの牧師の娘で、東ドイツにおけるエリート教育を受けている。そこには共産主義的な要素とロシア的要素が含まれています。このため、メルケルという人は、ロシア語も堪能ですし、ドイツ社会主義統一党の下部組織である自由ドイツ青年団にも入っていました。つまり彼女はロシア人の発想法、行動様式、ウクライナ観、さらにはウクライナ人の価値観もすべてわかっているんですね。それだけに、キッシンジャーに限らず、オバマ大統領やアメリカの戦略家たちは、メルケル首相とプーチン大統領が交わす密やかなやり取りに強烈な関心を示しているのでしょうね。

手嶋　そうした政治指導部の問題意識をアメリカのインテリジェンス・コミュニティは、痛いほどわかっていますので、メルケル首相の携帯電話を傍受していたわけですね。

佐藤　アメリカの情報機関は、手嶋さんは上品に「傍受」といいましたが、ありていに言って「盗聴」していたわけですね。首相としての公用電話ではなく、政党用の携帯電話でしたから、盗んだ会話内容にどれほどの価値があったのか疑問ですが、首相の会話にアクセスできたというだけで、情報を追う猟犬たちにとっては戦果なんです。

キッシンジャーが放つメッセージ

手嶋　一方、東アジアに目を転じると、中国が目覚ましい経済発展を背景に影響力を強めるなかにあって、その戦略正面に位置する日本の動向も気懸りなのでしょう。アメリカは、日本が水面下で中国と結ぶことを心配しているのではありません。日本がいたずらに中国と対立を深めてしまい、同盟国であるアメリカが、中国と対決を強いられることを危惧しているのでしょう。キッシンジャーというひとが、常のアメリカの知識人や政治エリートたちに較べて、日米同盟に重きを置いているかどうか、ちょっと疑問だと思います。

佐藤　安全保障同盟は、一面で国家を戦争に駆り立てる危うさを秘めている——そう感じているキッシンジャーの胸のうちが透けて見えますね。

手嶋　誤解のないように申し添えておきますが、われわれは勝手に行間を読んでいるのではありません。また、キッシンジャーを並みの反日派だと決めつけているのでもありません。中国との一連の秘密交渉で漏らした本音などを冷徹に検証して述べているのです。

佐藤　東アジアの項目で検証した「尖閣防衛を約束したがらないオバマ大統領」とぴったりと重なってきますね。

手嶋　いくらキッシンジャー博士でも、一九九〇年代の半ばに、はやくも尖閣諸島を巡る日中の対立を見通していたわけではありません。しかし、その透徹した歴史観から同盟関係に潜んでいる光と影を知り抜いている。現下の情勢の本質をずばりと掴みたいと願う読者にはたまらない魅力を湛えているのです。長きにわたる研鑽でインテリジェンスの文法を血とし肉とした人物の慧眼に感服させられます。

佐藤　文法の素地になっている歴史の本質に通じているからこそ、キッシンジャーの文体には独特の輝きがあるんですよ。

手嶋　第一次世界大戦の当時、イギリス外務省にあって欧州情勢を担当していたのが、エーア・クロー卿でした。クロー卿は、ドイツについて、二つの仮説を立てていた、とキッシンジャーは『Diplomacy』のなかで述べています。一つは、ドイツは覇権（ヘゲモニー）、それも政治的な覇権と海上覇権を同時に追い求めており、結果として近隣諸国や海峡を隔てたイギリスの脅威となるという見方です。いま一つは、ドイツはそのような野心は持っておらず、ただ貿易を促進したり、ドイツの文化を世界に広めることを通じて、国家の力を押し広げ、その結果として、国際社会での指導的役割を得て、ドイツの影響力を伸ばしたいと考えているという見方でした。これについて、キッシンジャーは、二つの仮説を分けて考えること自体に意味がないと指摘しています。たとえ第二の図式でいう「ドイツの文化を広める」ことに主眼があったとしても、ひとたび巨大な力を持てば、力に内在する誘惑に負けてしまい、「覇権を押し広げる」という第一の目的に簡単に取ってかわられてしまうと断じています。

佐藤　これまた、いまの中国をどう見るかという問題意識とぴたりと重なりますね。

手嶋　まさしくそうなのですが、執筆当時のキッシンジャーが思い描いていたのは、戦後世界の経済的勝者のように映っていた日本とドイツであったと思います。一九七一年に極秘訪中したキッシンジャー補佐官（当時）は、周恩来総理と長時間にわたって日本を含む東アジア情勢について語り合いました。この中で、周恩来総理は「日本が強力な経済力を持って大国化すれば、それは軍事力を蓄える強国への道を歩むことは避けられない」と述べ、軍事大国化する日本への警戒感を露わにしました。これはキッシンジャーその人の対日観と相通じるところがあり、ここで二人の外政家の息はぴたりと合ったと言っていいでしょう。

佐藤　旺盛な経済の力は、軍事力に転嫁するという周恩来の見立ては、周恩来の国、いまの中国にそのままそっくり当てはまりますよ。習近平国家主席は、先達の言葉を中国に置き換えていささか自制してほしいものですね。

第一次世界大戦のもう一つの教訓は「中立政策は必ずしも国家の安全を保障しない」ということです。未だに日本の一部のリベラル派の中には「中立を維持していれば外国から攻撃されない」とか、「戦争に加担しなければ自国の安全は守られる」という幻想があります。そんなナイーブな人々は、ベルギーという国の歴史をもっと知らなければいけません。ベルギーは、第一次世界大戦でも、さらに第二次世界大戦でも、「中立政策」を貫きました。ところが、第一次世界大戦でも、これまた第二次世界大戦でも、ドイツは「中立政策」など歯牙にもかけず、ベルギーに侵攻し、占領してしまいました。そんな痛切な体験から、ベルギーは、第二次大戦の後は、ＮＡＴＯに入ることで安全保障を担保しようと舵を切ったのです。

生き残るために欠かせない情報

手嶋　ところで、インテリジェンスをめぐる対論三部作（『動乱のインテリジェンス』『知の武装―救国のインテリジェンス』及び本書）を通して、私たちは、「インテリジェンス（intelligence）」という言葉をそのまま使ってきました。

佐藤　日本ほど翻訳文化が高度に発達した国はありません。かつては中国にまでその独創的な訳語を輸出していたほどです。その先達だった福沢諭吉を生んだほどの国でありながら、なぜか「intelligence」という言葉だけは、原義に忠実な訳語がありません。それでわれわれも仕方なく、カタカナで「インテリジェンス」と表現しているわけです。

手嶋　そう、「諜報」と訳してしまえば、スパイ情報のように響いてしまいますが、英語のニュアンスは、もうちょっと骨格が大きいですね。訳語のことはひとまず措くとして、佐藤さんは「インテリジェンス」を「国家が生き残るために欠かせない情報」と解釈していますね。

佐藤　ええ、これまではそう言ってきたのですが、もしかしたら「国家」というところを「国家もしくはそれに準ずる機構」と変更しなければいけないかもしれません。二十一世紀のいま、国家のありようは刻々と形を変えつつありますし、国家とは呼べない「イスラム国」のような存在が国際社会の大きな脅威になっています。いまの「イスラム国」は、中堅クラスの国家に匹敵するようなインテリジェンス能力を持つようになっているからです。

手嶋　いまや「イスラム国」との対決姿勢を日々強めているアメリカですが、その国防を担うチャック・ヘーゲル国防長官は、「イスラム国は洗練された戦略と戦術上の軍事能力を兼ね備え、そのうえ莫大な資金を有しており、従来のテロ組織の域をはるかに越えている。われわれがこれまで目にしたことがない組織だ」と危機感を露わにしています。オバマ大統領もイラクからシリアに空爆の範囲を広げざるを得なくなっており、釈明の記者会見で「我々は『イスラム国』の脅威について過小評価していた」と認めています。

佐藤　アメリカ大統領が「過小評価」という表現で誤りを認めるのは異例のことです。

手嶋　これは身内の情報コミュニティへの痛烈な批判でもあるわけです。ホワイトハウスは毎日、アメリカのインテリジェンス・コミュニティから「インテリジェンス・リポート」を受け取っていますが、彼らの「イスラム国」に関する報告には、大きな傷があったと大統領が認めたのですから。

佐藤　イラク戦争の前とは、構図がまったく逆になっているんですね。

手嶋　あの時、アメリカのインテリジェンス・コミュニティは、イラクのサダム・フセイン政権は大量破壊兵器を保有していると「過大評価」、さらに正確にいうなら「誇大評価」をする誤りを犯してしまいました。

アメリカの情報機関は、イラクやシリアにもはや良質な「ヒューミント」つまり確かな現地の情報要員を持っていないのですから、精緻な情報は入ってくるはずがありません。これは情報機関を統括する大統領の責任でもあるのですから、「過小評価」発言は情報コミュニティを敵に回し、彼らの士気を阻喪させるだけですね。アメリカ大統領は、陸・海・空・海兵の四軍を率いる最高指揮官であると同時に政府部内の十七ともいわれる情報機関を統括しているのですから、部下のミスを間接的な表現とはいえ批判するのは感心しません。

佐藤　そうした振舞いのつけは結局大統領自身に跳ね返ってきますからね。

手嶋　超大国アメリカの外交・安全保障を率いるオバマ大統領の評価が芳しくない理由のひとつは、政治のリーダーシップを発揮して「インテリジェンス・サイクル」を効果的に回すことができていないことにあります。

佐藤　アメリカのインテリジェンスの教科書を見ても、政策の意思決定と、情報収集・分析は分けるべきだ、と書かれています。ホワイトハウスは、政府部内の情報機関からインテリジェンス報告は受け取っても、政策の意思決定には情報機関を関与させないのが原則だというわけですね。

手嶋　情報機関を意思決定に参加させれば、情報機関が提供するインテリジェンスを恣意的に操作して、彼らが望むような方向に政策を誘導してしまう危険があるからです。一九六一年のキューバ侵攻にあたって、ＣＩＡはカストロ政権が脆弱であることをことさら強調して、当時のケネディ大統領を軍事侵攻に誘導したのが悪しき典型例です。

佐藤　また、アメリカの教科書には、インテリジェンス活動によって国際法に違反するような活動はしないことになっています。しかし、アメリカの情報機関の行動を振り返りますと、彼らは随分と原則から外れた行動をとっていますよ。

手嶋　インテリジェンス活動は、所詮は合法、非合法のグレーゾーンにまたがっているんです。一九七九年のニカラグアで繰り広げられたイラン・コントラ事件は、明らかに教科書の記述からはみ出したものでした。一九八九年、アメリカ軍がパナマに侵攻した際、国防総省で取材にあたったのですが、武力行使の正当性などあまり議論になりませんでした。ビスマルクの言葉ではありませんが、「国家が欲するものは国際法を知らない」といった態のものでした。

佐藤 まさにいまイラクやシリアで行われているアメリカ軍の空爆や、そのための攻撃目標を選定するインテリジェンス活動も明確な国際法違反ですよ。そればかりか現地では暗殺まで行われているはずです。そうなると、はたしてオバマ政権の中枢では「インテリジェンス・サイクル」は正常に機能しているのかと疑問を感じてしまいます。恐らく、軍部や情報機関は大統領にそうした違法行為をきちんと報告していないのでしょう。そんな報告は受け取った瞬間に大統領職を辞任せざるを得ないですからね。つまりアメリカ軍だって、かつての関東軍と同じような振る舞いをしているというわけなんです。

手嶋 アメリカを庇うつもりはありませんが、ロシアも、ウクライナも、戦闘地域では相当なことをやっていますね。たとえば、ウクライナ東部の親ロシア派の武装組織に、ロシア側はどうやって様々な兵器を提供しているのか。まさか、ロシア政府の予算書に親ロ派に提供する武器の費目が計上されているわけではないでしょう。

佐藤　私が想像するに、ロシア政府のしかるべき組織にいた人間をまず密かにウクライナ国内に潜伏させる。世界第四位の武器輸出大国であるウクライナには世界中の紛争当事国からマフィアや武器商人が武器を買い付けるために集まって来ています。ロシア政府はまずこうしたブローカーにロシア製の武器を流して、それを金に換えさせて資金をつくらせるんです。その資金を親ロ派組織にそっと渡して、ウクライナ軍から地対空ミサイル「ブーク」を購入させるというわけです。

手嶋　なかなかに手の込んだ手口ですね。ということは、「しかるべき人間」とはやはり、インテリジェンス活動に携わる「その筋のひと」ということになりますね。

佐藤　武器の闇市場こそ、インテリジェンス活動の主戦場と言ってもいいんです。だから日本で初のインテリジェンス小説『ウルトラ・ダラー』を書くにあたって、手嶋さんはウクライナの武器の闇市場にスポットライトをあてたわけでしょう。ウクライナ製の武器という鏡に東アジア情勢をくっきりと投影されて見事です。

インテリジェンスの四類型

手嶋 近頃の日本では、インテリジェンスという言葉もよく使われるようになりました。ただ、言葉だけが独り歩きして、スパイ情報やスパイ活動と混同されている節が見うけられます。

佐藤 誰とは敢えて言いませんが、スパイに憧れ、スパイになりたかったらしい、さる大学の先生が、「私はインテリジェンスに詳しい」などと公言し、安倍内閣の顧問に自ら志願し、実際に裏顧問のようなポジションに就いたケースを知っています。素人が薀蓄を傾ける滑稽な現状を放置しておくと、そのうちインテリジェンスに関わる事故が多発してしまうと、いまから予言しておきましょう。

手嶋 たしかにインテリジェンス活動とスパイ活動を混同している学者先生は珍しくありませんね。スパイ活動は、インテリジェンス活動全体のほんの一部分にすぎません。

佐藤 スパイ活動とは、もっぱら非合法な部分を指すものなんですよ。ただ、何が非合法か。それは国によって異なります。かつてのソ連では、モスクワの鉄道駅の写真を撮ることすら違法でした。それはスパイ活動に該当したわけです。

手嶋　おっしゃるように、非合法と一口にいっても、国によって解釈は異なりますし、国内でも微妙な、つまりグレーゾーンがかなり広くて、一概に何が法に触れ、何がモラルコードに反するのか、漠然としています。

佐藤　感覚的にいえば、「もしかすると、手が後ろに回るかもしれない行動」と言ったらいいでしょうか。ただ、手を後ろに回す根拠になる法律が厳然としてあるとは限らないんですね。でもグレーゾーンに踏み込むのはやっぱり要注意です。

手嶋　一般の方々は、在外公館に勤務している外交官が時にはスパイ活動を担っていると解釈しています。こうしたイメージが出来上がったのは、佐藤ラスプーチンが少なからぬ役割を果たしています（笑）。佐藤さんは、モスクワで後ろに手が回るようなスパイ活動をしていたわけじゃありませんが、日本の国益を賭けてクレムリンの奥の院に食い込み、これはというインテリジェンスを咥えてきた。現地の法律を犯して機密情報を抜いてきたわけではありませんが、政争に巻き込まれる危険と裏表だったはずです。

佐藤　でも、普通の外交官は、そんな危ない橋は渡ろうとはしませんよ。どちらかと言えば相手が喜ぶような、むしろ教えたいと考えている情報をもらって、本国に公電で報告するわけです。

手嶋　一方でまかり間違えば、先方の政府に捕まるかもしれない危険も冒し、相手が嫌がる極秘情報を取ってくる任務を担う対外秘密情報組織は、戦後の日本には存在しません。内閣情報調査室は、対外情報も扱っていますが、ＣＩＡやＭＩ６のように独自の情報要員を海外に配置して極秘情報を入手する体制を整えているわけではありません。

佐藤　インテリジェンスは、本質的にかなりファジーな要素を含んでいます。そんなインテリジェンスについて、戦前の日本陸軍がわりとうまく定義をし、分類しています。日本陸軍は、現在、われわれがインテリジェンス活動と呼んでいるものを「秘密戦」と訳しました。そして「秘密戦」を四つのカテゴリーに分けています。

一つ目が「積極諜報」＝「ポジティブ・インテリジェンス」。相手国の組織が外国の情報要員に摑まれないように隠している情報を入手することです。二つ目が「防諜」＝「カウンター・インテリジェンス」。逆に自国が隠しておきたい情報を相手国の情報要員に摑まれないようにする防御の方策です。このなかには、相手国の情報要員に偽のターゲットを追わせたり、相手陣営に攪乱者を送り込んだりする「積極防諜」（「ポジティブ・カウンター・インテリジェンス」）も含まれます。これは一見、極秘情報を取る活動と見せかけて、その目的は敵陣営の攪乱にあるため、「防諜」の一種に分類されています。三つ目は「プロパガンダ」。自国にとって都合のいいところを積極的に宣伝し、逆に自国に都合の悪いところを隠すことで、国際社会でのイメージをよくし、ひいては自国の影響力を拡大しようというわけです。そして四つ目が「謀略」＝「コンスピラシー」。相手陣営を欺くことで、自らが持つ実力以上の成果を出そうという試みでした。

手嶋　日本のような極東の島嶼国家がヨーロッパで極秘情報を入手することは、いまでも筆舌に尽くしがたい困難があります。それを思うと、明治のインテリジェンス・オフィサーはつくづく偉大だった。この「インテリジェンス対論三部作」では、しばしば、「城下の人」と呼ばれた石光真清をとりあげてきました。先日、石光の生家を熊本に訪ねてみましたが、思わず襟を正さざるを得ませんでした。朽ち果てつつある生家が更地になって駐車場にされるのを惜しんだ熊本の女性篤志家が私財を投じて資料館として保存することが決まったのです。石光も偉いが、この女性も素晴らしい。石光真清という人は陸軍士官学校に学んだ前途有為な青年士官でした。忍び寄る北の大国、ロシアの影を敏感に感じ取って志願し、国境の街ブラゴベシチェンスクのロシア将校の家に下宿します。ロシア語の猛特訓を受けて「露探」の道を歩み始めます。語学の習得から始めて

「積極諜報」を行うまでには、凄まじい努力と困難があったはずです。石光真清はそれらの障壁を自力で乗り越え、陸軍の統帥部に超一級のインテリジェンスを送り続けました。このように「積極諜報」とはまことに難しい。

佐藤　だから旧日本軍は、結局、易きに流れて、「謀略」に惹かれていったのです。その証拠に、参謀本部のインテリジェンス機関だった第八課は「謀略課」と称されました。ここの課長だったのが、谷垣禎一前自民党総裁の祖父にあたる影佐禎昭氏です。

手嶋　いわゆる「影佐機関」ですね。インテリジェンス活動の王道は、膨大なインフォメーションの海からこれはという「情報の宝石」を選り分け、近未来に何が起こるのかを精緻に予測することにあります。国家に襲いかかる巨大な危機を防いだり、被害を最小限に抑えたりするのがインテリジェンス活動の責務です。国家の指導部を誤りなき判断に導くために選り抜かれたインテリジェンスを提供することが情報機関に課せられた任務なのです。しかし、関東軍が満州事変を自ら策して引き起こしたように、勝手に歴史を作ってしまう。こんな「謀略」は危険極まりない毒を孕んでいます。ひとたび謀略に手を染めれば、困難を押して未来を予測する必要などなくなります。現実をいとも容易く自分ででっちあげることができるわけですから。

佐藤　言うまでもありませんが、それは禁じ手です。そして、日本は破滅という近未来をひた走っていくことになりました。

インテリジェンスは国家の専有物にあらず

手嶋　日本でもインテリジェンスについての書籍や教科書は結構出版されているのですが、その多くが洋書の翻訳です。アメリカのインテリジェンス専門家がもっぱら自国向けに書いたもので、あまり読む意欲をそそられません。明治維新以降の日本の近代化は、洋書の翻訳に支えられているといいますが、インテリジェンスの分野は、適切な訳語がないうえ、案内書もごつごつとした翻訳のままなのが実状なのですね。いまの日本の「知の在り方」を象徴しているようで残念です。

佐藤　日本人の専門家を自称するひとが書いている本もあることはありますが、何というか日々の問題意識に立脚していないために、面白さも実用性もイマイチですね。まあ、彼らに言わせれば「自分には守秘義務が課せられているので、具体的なことは書けないんだ」という言い訳をする。でも、守秘義務に触れないようういくらでも書きようがあるはずです。
手嶋　僕らだって、情報源を懸命に守りながら、ぎりぎりで書くという営為を続けているのですから。
佐藤　そういう言い訳をする人は、たいてい機密に該当するような真のインテリジェンスを持っていないいんじゃないかと思いますね。
手嶋　フーテンの寅さんじゃありませんが、それを言っちゃ――(笑)。
佐藤　インテリジェンスの文法を知るうえでいい「教科書」が最近出版されました。『CIA課報員が駆使するテクニックはビジネスに応用できる』(J・C・カールソン著、東洋経済新報社)という本です。元CIA課報員の女性が、そのインテリジェンスの技法をビジネスマン向けに解説したという一冊です。彼女は東部のアイビーリーグの出身で、スターバックス、バクスターインターナショナルなどの名門企業を渡り歩いたあと、CIAに入局して、アフガニスタンなどで秘密任務についていたという経歴の持ち主です。
手嶋　一級のCIAの情報要員は、たとえ現職を退いても、一般向けの本など決して書きません。ここが肝心なところなのですが、彼女のランクは、松・竹・梅でいえば、よくて「竹の下」か、せいぜい「梅の上」といったところです。悪口を言っているんじゃありません。ここのところが肝心なのです。

佐藤　そう、ご本人は、自分がやり手だと思っているようですが、ＣＩＡという組織ではいまひとつうだつが上がらなかった。それで十年近くで辞めてしまい、こうして本を書いているわけです。この本の何がいいかというと、手嶋さんが指摘したように、彼女が「スーパー・スパイ」じゃなかったことなんです。それだけに、この本で解説されているテクニックは、一般の読者なら誰でも真似ることができる。だから「インテリジェンスの文法書」として、なかなか価値があります。

手嶋　グリコのおまけではありませんが、佐藤さんが解説を書いていて、「ポジティブ・インテリジェンス」と「カウンター・インテリジェンス」の違いを分かりやすく説明し、インテリジェンス活動がスパイ活動とイコールではないことが簡潔に述べられています。

佐藤　彼女の本は、国家や国家に準じる機関で情報活動に直接関わっている人たちの参考書ではありません。インテリジェンスの技法はいまや、国家の運営に携わっていない人々にとっても、重要な武器になるという認識が広がっています。インテリジェンスが必要な時代になっている、と受け止められるようになってきました。冷戦期までは、インテリジェンスといえば国家が生き延びる術でした。ところがいまでは、民間企業でもインテリジェンスの技法は熱心に学ばれています。

手嶋　ある意味で、当然すぎる流れですね。ビッグビジネスは国境を越えてますます肥大し、巨大タンカーの船長である最高経営者が下す決断は、世界の潮流にも少なからぬ影響を及ぼします。インテリジェンスとは組織の命運を賭けた決断を下すための拠り所ですが、そうした厳しい局面にビジネス・リーダーこそ立たされていますから。

佐藤　確かにそうなのですが、インテリジェンスが難しい決断の拠り所になるという点では、何もビッグビジネスに限りません。中国からの撤退を考えている中小企業の経営者、婚活を控えている女性、就活に奔走している学生、彼らは皆、生涯を賭けた決断をしなければいけないのですから、その拠り所たるインテリジェンスの技を磨きたいと望んでいるはずです。

手嶋　冷戦の後、インテリジェンスの分野でも大きな環境の変化が起きました。インテリジェンスといえば、国家が戦いに勝ち抜き、生き残る術でしたから、軍事や国防の世界でもっぱら独占的に使われ、教えられてきました。ところが、冷戦が終わって、情報要員の大規模なリストラを行わなければならなくなった。アメリカ政府に雇われていた幾多のインテリジェンス・オフィサーが民間に大量に放出されたのです。

佐藤　インターネットやGPS（位置情報の測位システム）の技術も、民間に放出されたのは、冷戦の終結後でした。これと軌を一にしていたわけですね。

手嶋　こうしてみますと、超大国アメリカの軍事組織が、いかに巨大な力と情報を蓄積し、人材を抱え込んでいたかがわかります。インターネットとGPSは共に冷戦後の世界を大きく塗り替えてしまう推進エンジンになったのですから。冷戦後のアメリカは、これら主要なテクノロジーを一気に民間に解き放ち、技術者も民間の企業に供給しました。

佐藤　インターネット技術もGPSの測位衛星も、もともとは超大国アメリカがソ連との核戦争に勝利するために開発した先端技術だったわけですからね。

手嶋　アメリカのペンタゴンが独占していた軍事技術を民間に開放した意義がどれほど大きかったか。われわれはいま、インターネット技術なしで一日も暮らしていけません。でも、これらはすべて冷戦が終わったここ十数年の変化なのです。アメリカは、こうした先端的なテクノロジーを基本的には無償で市場に提供しました。これは、アメリカの戦後最大の決断の一つと言っていいでしょう。もちろん、アメリカがただ気前良くそうしたわけではありません。先端テクノロジーの中核を無償で放出することで、その周辺に膨大なビジネスを生みだしたのです。

佐藤　その主導権さえ握っておけば、膨大な果実をほぼ独占できると読んだんでしょう。

手嶋　まさしく、その読みはぴたりと的中しました。ペンタゴンの高級幕僚だった僕の友人も、陸軍大佐で退役して、いまやアメリカを代表するIT企業の副社長の座についています。あっという間にひと財産を築いてしまいました。

佐藤　インターネットやGPSのように眼には見えませんが、インテリジェンスの世界もいまや民間市場で増殖を続け、企業経営のありかた、とりわけ迅速で誤りなき意思決定に革命を起こそうとしています。日本の経営者にも奮起を促したいですね。

イスラエルで出会った情報分析家

佐藤　前にも触れましたが、二〇一四年五月の終わりに、情報大国の首都ともいうべきイスラエルのテルアビブを訪れました。いまから振り返ってみると、絶妙なタイミングで僕を招いてくれたものだと思います。ロシアのプーチン大統領がウクライナ東部で親ロ派へのテコ入れを強め、「イスラム国」がイラクとシリアに勢力を広げている時期でしたが、ヨーロッパの情報当局でもその実態を掴みかねていましたから。この訪問でオルメルト政権（二〇〇六〜〇九）とネタニヤフ政権（二〇〇九〜）で官房長官を務めた人物にお会いしました。いまはさるシンクタンクを率いているのですが、彼は「国家というものがマネーと情報を統制できなくなってしまった」と嘆いていたのが印象的でした。「マネーを統制できなくなった」とは、どういう意味か。どの国でも、どの時代でも、上位の五％程度の人間たちに富が集中するという構造はたいてい変わりません。ただ、東西冷戦が終わるまで、西側陣営は東西の力の均衡を保つため、強大な軍事力を持ち、社会福祉を充実させ、イデオロギーも堅固なものにして、共産主義の膨張を阻止しなくてはなりませんでした。国家権力による資源の再分配が大きく認められていました。だから国家によってマネーの移動が統制できていたわけです。

手嶋　資本主義陣営で大金持ちが跳梁跋扈すれば、体制の崩壊を招きかねませんからね。金持ちに自制を強いることで、彼らの地位も保全されてきた面があったわけですね。

佐藤　ところが冷戦が終ってみると、共産主義のひどい実態が明らかになり、もはや資本主義社会を脅かす存在ではなくなりました。国家は富や資源を権力を使って再分配する大義名分を失い、結果的に社会の格差も広がりました。すると金持ちたちの間には、「このままだと庶民のヤキモチによって叩き潰されてしまう」という危機感が芽生えてきます。そして「自らの富を自発的に分配しない限り生き残れない」という結論に達するわけです。

手嶋　安田財閥の当主が右翼に襲われて東大の安田講堂を寄贈した話を思い出しますね。まさしく富豪の生き残りのためにインテリジェンス機能を働かせたわけです。

佐藤　では一体どれほど自らの富を社会に還元すればいいのか。なんと、個人資産の半分だというのです。アマゾン創業者のジェフ・ベゾスにしても、マイクロソフトCEOを務めたビル・ゲイツにしても、それくらいは社会に差し出しているんですよ。ただし、差し出し方は工夫しています。単なる慈善事業ではなく、例えば奨学金という形で供出するんですよ。アメリカの大学の学費は少なくとも一年間で四万～五万ドル以上はかかります。奨学生はたいてい希望すれば大学院まで行くことができ、返還の必要もありません。そんな人間が、ビル・ゲイツのことを嫌いになるわけがありません（笑）。ビル・ゲイツの関連企業に就職して、恩返しに励む人間も出てくるでしょう。あるいは、大学への委託研究に研究費を提供して、サポートするのも常套手段です。ただしその場合も、自分のビジネスにマイナスになるような研究には、一文たりとも金を出したりはしません。冷戦が終わって二十年あまり、このような形で富を分配し続けた結果、今やそれが一つのシステムとして機能するに至りました。

手嶋　確かにビル・ゲイツがメリンダ夫人と主宰する公益財団は、その規模といい、国際社会に与える影響といい、中規模の国家の社会投資を凌ぐようなスケールです。日本の大手製薬会社が共同でアフリカ特有の希少疾病に効く新薬の開発に取り組んでいますが、そのプロジェクトにも資金を提供しています。

佐藤　なるほど、国家による金融政策や財政政策を迂回し、金持ちが社会に直接働きかける回路を作ったということです。

手嶋　国家が冷戦期のように富を制御できなくなったと同様に、冷戦後の国家は情報も統制できなくなったと言っていいですね。

佐藤　そう思います。スノーデン事件で明らかになったように、いまでも国家の情報機関は諜報活動によって大量の秘密情報を得ています。たしかに得てはいるのですが、その情報を有効に使いこなせているかといえば、「ノー」です。例えば、イスラエル外務省の局長やモサド幹部の分析官といった立場にありながらスマートフォンの扱いに四苦八苦しているおっさんと、それを完璧に駆使できるフツーの大学生なら、大学生のほうがより多くの情報へアクセスできてしまうわけですよ。

手嶋　現下の国際情勢を読むには、諜報活動によって得られる秘密情報と、社会に散らばっているオープン・ソースの情報双方を総合的に分析しないといけませんからね。

佐藤　でも、これがなかなかできない。そういう仕事は、組織ではなく、一個人の能力や手腕に頼る「個人芸」、「職人芸」の世界になっていますから。前置きが随分と長くなりましたが、その典型として、僕がイスラエルで案内されたのが、テルアビブ郊外のヘルツェリアにある「カウンターテロリズム・センター」でした。ここは大学院レベルの規模の研究機関なのですが、なんとたった一人の中年男性が運営しているのです。彼はイスラエル空軍のオフィサーで、アメリカの九・一一同時多発テロを半年前に予告したことで名を馳せた逸材です。

手嶋　情報大国イスラエルが誇る情報分析家ですね。

佐藤　彼は「反テロ研究」が三度の飯より大好きで、カウンターテロリズム学を「歴史と哲学と思想と宗教と軍事とインテリジェンスをすべて総合した科目」だと自ら定義しているんですよ。それをあくまで「個人インテリジェンス」として単独で研究している。その能力は非常に高く、モサドやアマン（イスラエル参謀本部諜報局）といった組織も彼の能力に大いに頼っているといいますから、間違いなく本物ですよ。では、彼がひとりでどうやって肝心の情報を入手しているのか。驚いたことに、情報源は「インターネット」。あとは「自然にいろいろ教えてくれる人が出てくる」のだそうです。秘密情報など何も持ってはいないのです。

手嶋　巨額の予算と人員を使っているCIAの長官が聞いたら卒倒するような話ですね。この「インテリジェンスの職人」の話は何とも衝撃的です。「秘密情報」も、いま流行りの「ビッグデータ」も要らない、というのですから。「秘密情報」にしろ「ビッグデータ」にしろ、あくまで「インフォメーション」であっても「インテリジェンス」ではありません。それを高度な「インテリジェンス」に高めるには、志と能力を持つひとりの情報職人がいればいい。この人物は身をもってそういっているのでしょうね。国家の指導者は、そうして紡ぎだされた「インテリジェンス」に依拠して、誤りなき決断をすればいい。必ずしも巨大な情報組織は要らない。

佐藤　その通りです。日本は、G8のなかでは唯一対外情報機関を持っていない、まことにいびつな国家なのですが、たとえ組織を作ったところで、その器に入れる人材を育てるには、半世紀という気の遠くなるような時間が必要ですから、このテルアビブ郊外の情報のプロフェッショナルの存在は、日本に「少数精鋭を目指せ」と激励しているように思えます。

「愛国心」こそインテリジェンスの源

手嶋　ここまでインテリジェンスというプリズムを通して、二十一世紀の世界をいかに読み解けばいいのか、議論を重ねてきました。われわれの眼前で次々に生起する事象の本質を的確に捉えたい――誰しもそう願うのですが、そのためには出来事に潜む歴史の深層を遡ることがいかに大切か、実例を通じて見てきました。とはいえ、技法を身につけるだけでは、インテリジェンスの神はわれわれに微笑んでくれません。本書を締めくくるにあたって、国家のインテリジェンスに携わる者が決して忘れてはならないものとは何かを話し合ってみましょう。

佐藤　ひとことでお答えします。それは「愛国心」です。

手嶋　ほう、国を愛する心ですか。佐藤さんは、国家権力によって、不当にも逮捕されました。そして、無実であることを主張し続けた。それゆえに、こうした事件ではまことに異例なことですが、未決のまま、じつに五百十二日を獄中で過ごしました。国家はときに間違いを犯して罪なき者を獄につなぐこともある。佐藤さんが世に出るきっかけとなった著作は、『国家の罠―外務省のラスプーチンと呼ばれて』（新潮社）でした。かくいう私は、逮捕前の佐藤さんとは対立する構図の中に身を置いていた人間です。しかし、あの逮捕劇は法的な根拠を著しく欠くものだと、はやくから公の著作で述べてきた者です。国家権力とは、時に恣意的に罪なき人間を陥れるものなのでしょう。その当事者が国家の禄を食むことをやめたいま、インテリジェンスを志す者の拠り所は「愛国心だ」と述べるのを襟を正して聞かないわけにはいきません。

佐藤　もう一度申し上げます。国家のインテリジェンスに関わる者が大切にすべきは「愛国心」です。

手嶋　ところが、この国では国を愛するということが素直に受け取られない土壌がありました。そこで本書では、敢えて「愛国心」と表記しています。

佐藤　たしかにこの国では、愛国という言葉が、一部の人たちの専有物のようになってしまっていますからね。でも自らが生を享けた国を愛し、生を授けてくれた親を愛し、育んでくれた国土を愛することは、ごく自然のことですよ。

手嶋　ということは、佐藤さんの「愛国心」は、国家の罠にはまった時もなお、揺るがなかったということですね。

佐藤　そうですと正直に申し上げたい。ひとつ裏話をさせてもらっていいですか。

手嶋　ええ、佐藤さんが裏話というんですから、ディープな情報なのでしょうね。

佐藤　じつは、ここで初めて明かすのですが、二〇〇二年に私が東京地検特捜部に逮捕され、外務省から休職を命じられていたとき、ロシアやイスラエル、それに韓国などいくつもの国の「その筋の人」たちから、「うちで働かないか」とリクルートを受けたんですよ。

手嶋　インテリジェンス・オフィサーとしての誘いだったわけですね。この場合は、ありていに言って、スパイにならないかと誘われたのですね。

佐藤　ええ。驚いたことに、どの国も提示してきた金額がほぼ同じだったんです。

手嶋　インテリジェンスの時価が果たしてどのくらいのものかを知るために、ぜひ具体的な金額を教えてくれますか。

佐藤　うーん、まあ、いいでしょう。家族にも明かしたことがないのですが、年収と経費を含めてしめて五千万円でどうか、というオファーです。じつは、外務省時代も、年収が一千万円、使っていた経費が三千万から四千万円でしたから、要するにこのくらいの金額が、私の「適正価格」だったわけですね。それで三年間ぐらい使ってみて、役に立たなければ用済みにするということでしょう。

手嶋　インテリジェンス・オフィサーには絶妙な値札がついているものなんですねえ。一様の相場が存在する――。

佐藤　当時の私は、人間としての値札が一千万円、加えて経費を三千～四千万円使わせてやるという、この程度の情報屋だったわけです。愛人を持っていたり、バカラにはまっていたり、そういう趣味がない限り、インテリジェンス・オフィサーが一人で使う金額はだいたい三千万円、プラスアルファ一千万円程度なのだと思います。

手嶋　なるほど、情報収集の「適正価格」は、その辺のところなのかもしれませんね。

佐藤　もちろん、僕は各国からのオファーを即座に断りました。しかし、例えばロシアからのリクルートに応じていたら、どんな仕事を命じられたでしょうね。もし僕がリクルートする側の人間だったら、ロシアの国際放送「ロシアの声」のディレクターにして、日本向けの放送で日本国内のスキャンダル情報や週刊誌報道なんかを取り混ぜて偏向放送をやらせるかもしれません。

手嶋　ロシアは、海外へのメディア発信をしている主要国のなかでも、際立って立派な日本語で放送・出版をしていますね。あのクオリティの高さは、誰がどうやっているのでしょうか。日本の対外発信の貧しさを思うと溜息が出てしまいます。

佐藤　これはという日本人を五、六人も雇っているのでしょうね。

手嶋　それも、かなり能力の高い人を雇っているとしか思えません。日本語の水準の高さに感動することがあります。国策メディアの臭みを程よく落としてなかなかにしたたかで、実に洗練されている。

佐藤　だから恐ろしいんです、ああいう国は。私にかけられたような工作活動をばかにしてはいけない。そうした誘いに応じるか、応じないか。これは最終的には各自のモラルの問題と言っていい。表現を変えれば、まさしく「愛国心」の問題なのです。

手嶋　自ら生を享けた国に殉じるのか、否かの問題ですね。一連の著作で、明治期の石光真清と昭和期の杉原千畝をしばしば取り上げたのも、彼らの精神的バックボーンに揺るぎない「愛国心」が一本すっと通っているからなのです。杉原千畝という戦前の日本が生んだ偉大なインテリジェンス・オフィサーは、外務省という官僚組織に忌避されて、戦後はついに活躍の場を与えられることがありませんでした。戦後は小さな貿易商社に拾われてモスクワにながく駐在しています。ソ連側のインテリジェンス機関は、杉原の何たるかを知り抜いていたのですから、佐藤さんに提示したと同じような誘いを幾度もかけたにちがいありません。しかし杉原千畝という人は微動だにしませんでした。冷戦期もなお「チウネ・スギハラ」として孤高を保ち続けた。その事実を知っていたのは、残念なことに祖国日本の政府ではなく、イスラエル政府だったのです。

佐藤　理研の小保方さんの問題が起きたとき、僕がまず心配になったのは、彼女がイランや北朝鮮などにリクルートされたら、とても面倒なことになる、ということでした。彼女には研究者としての一定の能力がある、理系の脳も持っている、恐らく日本に対して恨みも持っている。三条件が揃っています。そんな彼女に、「あなたは研究が好きでしょう。わが国の新しい研究施設で生物兵器の研究をやりませんか。恨みも晴らせるんじゃないですか」などと声をかけてこないとも限らないのです。荒唐無稽に聞こえるかもしれませんが、世界ではそんなことが日常茶飯で起きているんですよ。「情報屋」も同じことです。それなりの能力のある人間が、海外から引きぬかれたらどうするか。これを一番に心配するわけです。

手嶋　それだけに、本来の意味でまっとうな「愛国心」こそ、インテリジェンスに関わる人間にとって、どうしても備えておかなければならない資質というわけですね。

佐藤　ただし、「この世の中は間違っている」「俺が国を直してやる」というスタイルの愛国心は、インテリジェンス活動の妨げになるだけです。そういう人は、政治家になればいい。インテリジェンス・オフィサーというのは、誤解を恐れずに言えば、たとえ嘘をついているのが日本側だと分かっていても、「仕方ない、それを貫き通すのが仕事だ」と割り切れるのがあるべき「愛国心」なんですね。とはいえ、それは歴史知識とか、深い哲学的な洞察力がなければ、なかなか涵養できるものではありません。薄っぺらな愛国心の持ち主では、金を摑まされたり、弱みを握られたりすると、たちまち寝返ってしまうからです。

手嶋　国家の情報に関わる人間は、「インテリジェンスの文法」をひととおり身につけていなければいけません。しかし、真のインテリジェンスを導き出す上では、それはあくまで必要条件であって、十分条件ではないわけですね。

佐藤　そういうことです。英語の文法ができて単語を知っていて、英会話に堪能であったとしても、それだけでワシントンに駐在して取材ができるわけじゃない。一九七〇年代に韓国のスパイとして暗躍していた朴東宣は、当初、訥々とした英語しかしゃべれなかったそうです。にもかかわらず、アメリカ人が韓国がどこにあるのか、それすら知らないような状況で、アメリカの政治家に食い込んでインテリジェンス工作を繰り広げていきました。むろん、そのベースにはアメリカでの教育がありました。彼はジョージタウン大学を出ていますから。

手嶋　結局、素質がなくてはいけないということです。技法は教えることができても、素質は教えることがかないません。そしてインテリジェンス・オフィサーの志には、その時代の国家が持っているかぐわしい香りがそれとなく宿るものです。

佐藤　そう、インテリジェンスの、それが妙なるところであり、面白いところでもあると思います。この国から世界に通用するインテリジェンス・オフィサーよ、出でよ、と願いたいですね。

おわりに

私が外務省国際情報局に勤務していたときに、年末の最大の仕事は、「××年の回顧と展望」という調書を作成することだった。

外務省には、外交青書という年次報告文書がある。外交青書の目的は、日本政府の外交方針を内外に伝えることだ。それに対して、国際情報局が作成する「回顧と展望」は、インテリジェンスの観点から、日本政府が望むのとは異なる分析や予測を大胆に行う調書だった。しかも、この調書は、国会議員や新聞記者にも配布するので、秘密指定がなされない（外務省では、平文書《ひら》という）。秘密情報を盛り込んで調書を作成するよりも、この方がずっと難しい。

国際情報局の分析官は、日常的に秘密や極秘の指定をされた公電（外務省が公務で用いる電報）や調書を読んでいる。それだから、各国政府の政策については、ジャーナリストや国民が知らない情報に触れている。それと同じ内容を公開情報から拾ってくることが「回顧と展望」を書くときの重要な作業だった。この仕事を通じて、軍事情報を除けば、国家機密の九五～九八％は公開情報から得られるということを皮膚感覚で理解した。

手嶋龍一氏とは、二〇一二年から毎年一冊、新潮新書からインテリジェンス対談を上梓している。手嶋氏と私も民間人なので、国家の秘密情報にはアクセスできないことになっている。しかし、われわれのところに秘密情報を伝えてくる人は、日本人、外国人の双方に少なからずいる。これらの情報源に迷惑をかけないようにするとともに、機微に触れる情報を流してくる人の利害関係を見極め、読者をミスリードすることがないように徹底的な議論を通じてできたのが本書だ。

ロシアによるクリミア併合、ウクライナ東部の内戦、イラクとシリアにおける「イスラム国」（ＩＳ）の台頭など国際情勢は大きく動いている。しかし、これらの動きを過大評価することは禁物だ。資本主義、国家、民族という近代的システムが崩れるような事態には至っていない。東西冷戦の終焉によって、「歴史の終焉」というような近代を超克する新しい時代が生まれるという仮説は完全に間違えていた。読者が本書を手に取られる時点では、記述した内容よりも事態が進捗していることもあると思うが、基本線を外すことはないと自負している。

本書を上梓するにあたっては、新潮社の伊藤幸人氏、小杉紗恵子氏、編集者の南山武志氏にお世話になりました。深く感謝申し上げます。

曙橋（東京都新宿区）の仕事場にて

佐藤　優

手嶋龍一　1949（昭和24）年生まれ。作家・外交ジャーナリスト。『ウルトラ・ダラー』『ブラック・スワン降臨』等著書多数。

佐藤 優　1960（昭和35）年生まれ。作家。元外務省主任分析官。『国家の罠』『自壊する帝国』『人に強くなる極意』等著書多数。

Ⓢ新潮新書

600

賢者《けんじゃ》の戦略《せんりゃく》

生《い》き残《のこ》るためのインテリジェンス

著　者　手嶋龍一《てしまりゅういち》　佐藤《さとう》 優《まさる》

2014年12月20日　発行

発行者　佐　藤　隆　信

発行所　株式会社新潮社

〒162-8711　東京都新宿区矢来町71番地
編集部(03)3266-5430　読者係(03)3266-5111
http://www.shinchosha.co.jp

編集協力　南山武志

印刷所　株式会社光邦

製本所　憲専堂製本株式会社

© Ryuichi Teshima & Masaru Sato 2014, Printed in Japan

乱丁・落丁本は、ご面倒ですが
小社読者係宛お送りください。
送料小社負担にてお取替えいたします。

ISBN978-4-10-610600-2　C0231

価格はカバーに表示してあります。

新潮新書

585
すごいインド
なぜグローバル人材が輩出するのか
サンジーヴ・スィンハ

NASAの職員の3人に1人はインド人！ 世界屈指の「理系人材大国」はどうして誕生したのか。同国最高のエリート大学IITを卒業した天才コンサルタントが徹底解説。

589
西田幾多郎
無私の思想と日本人
佐伯啓思

世の不条理、生きる悲哀やさだめを沈思黙考し「日本人の哲学」を生んだ西田幾多郎。自分であって自分でなくする「無私」とは？ 日本一〝難解〟な思想を碩学が読み解く至高の論考。

592
見えない世界戦争
「サイバー戦」最新報告
木村正人

世界中のあらゆる情報通信が行きかうサイバー空間は、陸・海・空・宇宙に次ぐ「第五の戦場」と化した。中国のサイバー活動の脅威をはじめその実態を克明にレポートする。

582
はじめて読む聖書
田川建三ほか

なるほど。そう読めばいいのか！ 池澤夏樹、内田樹、橋本治、吉本隆明など、すぐれた読み手たちの案内で聖書の魅力や勘所に迫る。「何となく苦手」という人のための贅沢な聖書入門。

578
知の訓練
日本にとって政治とは何か
原 武史

〝知〟を鍛えれば、日本の根源がはっきりと見えてくる——。天皇、都市、宗教、性など、私たちの日常に隠れた「政治」の重要性を説き明かす。第一級の政治学者による、白熱の集中講義！

Ⓢ新潮新書

581
日本の風俗嬢
中村淳彦
どんな業態があるのか？　収入は？　女子大生と介護職員が急増の理由は？　どのレベルまで就業可能？　成功の条件は？　三〇万人以上の女性が働く、知られざる業界の全貌。

573
1949年の大東亜共栄圏
自主防衛への終わらざる戦い
有馬哲夫
敗戦後も、大本営参謀、軍人、児玉誉士夫らは「理想」のために戦い続けていた。反共活動、インテリジェンス工作、再軍備、政界工作……発掘資料をもとに描く、驚愕の昭和裏面史。

564
風通しのいい生き方
曽野綾子
人間関係は、世間の風が無責任に吹き抜け、互いの存在悪を薄めるくらいがちょうどいい……成熟した大人として、自分と他者、ままならない現実と向き合うための全十六話。

566
だから日本はズレている
古市憲寿
リーダー待望論、働き方論争、炎上騒動、クールジャパン戦略……なぜこの国はいつも「迷走」してしまうのか？　29歳の社会学者が「日本の弱点」をクールにあぶり出す。

576
「自分」の壁
養老孟司
「自分探し」なんてムダなこと。「本当の自分」を探すよりも、「本物の自信」を育てたほうがいい。脳、人生、医療、死、情報化社会、仕事等、多様なテーマを語り尽くす。

Ⓢ新潮新書

556
戦犯の孫
「日本人」はいかに裁かれてきたか
林　英一

罪をいつまで背負わなければならないのか。東条英機、広田弘毅ら「A級戦犯」の末裔と海外の「BC級戦犯」の生き様を、若き俊英が丹念に辿り、「靖国参拝」問題の根源に挑む問題作。

558
日本人のための「集団的自衛権」入門
石破　茂

その成り立ちやリスク、メリット等、基礎知識を平易に解説した上で、「日本が戦争に巻き込まれる危険が増す」といった誤解、俗説の問題点を冷静かつ徹底的に検討した渾身の一冊。

552
日本版NSCとは何か
春原　剛

なぜ日本にNSCが必要なのか？「特定秘密保護法」との関係は？　今後の懸念とは？　その組織の機能から本家米国での実情、考え得る有事のシミュレートまで分かりやすく解説する。

546
史論の復権
與那覇潤対論集

歴史の知見を借りれば、旧知の事実がまったく違った意味を帯びてくる。「中国化」というオリジナルな概念で日本史を捉えなおした若手研究者が、7人の異分野の知に挑む。

551
知の武装
救国のインテリジェンス
手嶋龍一
佐藤　優

東京五輪、尖閣、CIA、プーチン……全てをつなぐ一本の「線」とは？　最新国際情勢から諜報の基礎まで「プロの読み方」を徹底解説！世界と闘うためのインテリジェンス入門。